JN410362

이응길 수필집

귀환선

귀환선
이응길 수필집

1판 1쇄 인쇄/ 2018년 6월 15일
1판 1쇄 발행/ 2018년 6월 20일

지은이 / 이 응 길
펴낸이 / 우 희 정
펴낸곳 / 도서출판 소소리

등록 / 제300-2007-21호
주소 / 03073 서울 종로구 성균관로 5길 39-16
전화 / 765-5663, 010-4265-5663
e-mail: sosori39@hanmail.net
www.sosori.net

값 12,000 원

*잘못된 책은 바꿔드립니다.

ISBN 979-11-5891-105-8 03810

*저자와 협의하여 인지는 생략합니다.

귀환선

이응길 수필집

책을 내면서

『역사의 연구』로 유명한 아놀드 J. 토인비는 그의 회상록 서문에서 "80년 동안에 흔히 경험되는 이상의 변화 가운데를 살아오게 된 것에는 내가 영국에 태어나 자랐다는 것, 1889년에 태어났다는 것, 제1차 세계대전 때엔 군무에 부적격이었다는 세 가지 우연이 겹치고 있다. 만일 1차 세계대전에 종군했었더라면 나와 동년배인 많은 사람들처럼 1915년이나 1916년에 전사했을지도 모른다. 나는 그 무서운 시대 이후 반세기 이상이나 살아왔다."라고 기술하고 있다.

토인비보다 반세기 후에 태어난 나는 토인비 이상으로 험난한 체험을 하며 80 평생을 살아온 것 같다. 유년 시절 일제 식민지 통치하에서 2차 세계대전 와중에 그들의 수탈로 초근목피로 생활하는 배고픔을 겪었고, 해방 후에는 극심한 정치적 혼란기를 극복해야 했다. 14연대 반란사건, 6·25전쟁 등 격변기를 헤치며 살아남은 것이다.

어떤 분은 글을 쓰는 이유를, 잊지 않기 위해서, 지식을 전달하기 위해서, 자기 마음을 표현하기 위해서 쓰는 것이라고 하였다. 내가 글을 쓰는 이유는 문예 창작의 목적뿐이 아니라 80 평생 살아온 흔적을 남기고자 함에 있다.

글 쓰는데 많은 도움을 주신 운현수필 동인 여러분, 도서 출판 소소리 우희정 선생께 감사를 드린다.

2018년 6월

산전 이응길

1. 소중한 이들을 생각하며

2. 발길이 머무는 곳에서

3. 인생은 외로이 홀로 서 있는 나무

4. 공자를 찾아서

1.

소중한 이들을 생각하며

양철(洋鐵)

'양철' 그것은 내가 붙여준 아내의 별명이다. 양철은 쇠는 쇠이로되 무쇠처럼 투박하고 강인한 쇠가 아니라 그 두께를 아주 얇게 하여 여러모로 편리하게 사용할 수 있도록 가공된 것이다. 그것이 서양에서 처음 들어와서 양철이라는 이름이 붙은 것 같다. 이 양철은 재질이 너무 얇기 때문에 그 자체에는 아무것도 함축할 수가 없다. 에밀레종처럼 음을 함축하여 은은한 여운을 남길 수도 없고 무쇠 가마솥처럼 열을 함축하여 알맞게 뜸을 들여 맛있는 밥을 지을 수 있는 것도 아니다. 열을 가하면 바로 뜨거워졌다가 순식간에 식어 버린다. 두들기면 캉캉하고 곧 바로 반응한다. 이것이 양철이다.

'친척 중 한 사람을 묘사하라' 이것이 과제이다. 맨 먼저 아버지가 떠올랐으나 아버지의 좋은 점만 이야기 하면 듣는 이가 역겨워 할 것 같고 험담을 하면 고인에게 죄송스러울 것 같아 만만한 것이 부부라고 마누라 험담이나 실컷 하는 것이 나을 것 같아 아내 이야기를 하기로 하였다.

누구나 그렇겠지만 나에게도 바라는 여인상이라는 것이 있었다. 나는 어느 편이냐 하면 '환상의/ 그림자를 쫓아/ 비 오는 날에/ 하염없이/ 헤매는/ **거리' 같은 노래를 좋아한 것처럼 약간은 감상적인 분위기를 좋아하는 그런 편이다. 어른들께서는 여자는 수매가 깊어야 한다고 귀가 따갑도록 나에게 들려주었다. 수매란 것이 무엇인지 확실히는 몰라도 속이 깊어야 된다는 이야기거니 나름대로 해석하고 있었다. 그래서 에밀레 종소리 같은 은은한 여운이 있고 가마솥처럼 따스한 온기를 간직한, 그러면서도 약간은 낭만적인 그러한 여자를 동경하였을지 모른다. 이런 것들은 양철하고 정반대되는 현상이다.

아내는 나의 학부형이었다. 막내 처제가 중학교 1학년일 때 내가 그의 학급담임이었다. 그때는 가마솥인지 양철인지 전혀 분간할 수가 없었다. 가시밭에 한 송이 흰 백합화! 그것으로만 여겨졌다. 그러니 부모님께서 여자는 수매가 깊어야 한다고 아무리 타일러 봐야 정신이 한 번 돌기 시작하면 양철도 가마솥으로 보이니 별 도리가 없었다. 그래서 사람들이 운명이라는 것을 믿게 되는 것일는지 모른다.

아내는 모든 면에서 나하고는 대조적이다. 나는 저녁 9시 뉴스를 다 못 듣고 잠이 들고 아침 5시면 어김없이 일어난다. 아내는 12시가 넘어야 자고 아침에는 해가 뜰수록 잠이 고소하다고 한다. 나는 말이 그렇게 많지가 않다. 그러데 아내는 조그마한 것도 속에 담아두지를 못한다. 퇴근하고 오면 내가 신문을 보고 있든 말든, 교직원

사이에서 일어난 일, 학부형이 어떻고 아이들이 어떻고 이야기보따리를 다 털어 놓아야 딴 일을 한다. 그래서 나는 아내를 믿는다. 어디 감추려고 해도 털어 놓고 싶어서 감추지를 못 하는 성미임을 뻔히 알기 때문이다. 아내는 결벽증이 있다. 아이들 심부름을 시켜도 10원 단위까지 딱 맞아 떨어져야지 그렇지 않으면 꼬치꼬치 따진다. 외출하다가도 되돌아와서 가스 밸브를 확인해야 직성이 풀리는 사람이다. 그러니 남 줄 것이 있으면 견디질 못한다. 젊어서부터 마을 구멍가게에서 외상으로 물건을 가져온 적이 없다. 없으면 안 먹었지 외상은 하지 않는다. 요즈음은 신용사회라 카드로 결제를 하기 때문에 경우가 좀 다르기는 하다. 남에게 싫은 소리는 죽어도 듣기 싫어한다. 직장 상사로부터라도 조금 섭섭한 일이 있어도 밤에 잠을 자지 못하고 괴로워한다. 그렇다고 해서 전혀 통하지 않는 벽창호는 아니다.

여자는 수매가 깊어야 한다고 하는 어른들의 충고에도 불구하고 그와는 정반대되는 양철 같은 마누라와 결합하여 거의 한평생을 살아왔다. 우리의 결합은 어떻게 보면 실용주의와 낭만주의의 결합이라고 할 수 있겠다. 실용(實用)과 낭만(浪漫)이 수없이 부딪히며 살아오면서 서로의 결점을 보완하며 슬기롭게 살아 왔다고 생각한다.

행복이란 과연 무엇일까? '행복이란 과정(過程)이다'라고 누군가가 이야기 하였다. 부족한 것을 채우기 위하여 곁눈질할 겨를 없이 살아온 과정, 그때가 행복한 거지 그 부족함을 채우고 나면 오히려 허탈과 허무가 엄습한다고 한다. 부모님의 충고에도 불구하고 수매 깊은 규수(閨秀)보다는 양철 같은 마누라를 맞이하여 채워지지 않은 가슴속 한 구석이 있었기에 하늘 아래 어디엔가 있을지도 모를 수매 깊은 여인의 환상을 쫓아 비 오는 거리를 하염없이 헤매는 낭만을 맛볼 수도 있었지 않았나 하고 생각해 본다. 그래서 나는 행복하였노라고 한다면 그것은 궤변이라고 할는지?

802호 병실

근래 몇 년간 감기 한 번 앓지 않고 지냈는데 이번 겨울에는 근 한 달간 감기에 시달렸다. 다 나은 것 같아 목욕하고 외출하여 찬 바람을 쏘이고 나면 재발하는 것이다. 이러기를 세 번이나 되풀이 하고 나니 한 달 남짓 감기에 시달리는 꼴이 되었다. 예년 같으면 어지간한 감기 정도는 돌아다니면서 견뎌냈는데, 이번에는 그렇게 되지 않았다. 평소 내 딴에는 체력 관리를 한다고 하였으나 나이를 먹게 되면, 어찌 할 수가 없는 모양이다.

오랫동안 감기에 시달리다가 겨우 헤어나는가 했더니 이번에는 비뇨기 계통에 문제가 생겼다. 전립선에 대한 조직검사를 해볼 필요가 있다는 비뇨기과 의사의 진단이 떨어진 것이다. 기왕 할 바에야 무인(戊寅)년이 넘어가기 전에 말끔히 해버리고 새해에는 모든 병마로부터 해방되어야겠다는 생각으로 설 전에 하기로 하고 병원에 연락하였더니 마침 입원실이 있으니 바로 입원하라는 것이었다. 입원하자 금식령이 내려지고 링거 주삿바늘이 팔목에 꽂아졌다. 그때만 해도 "벌써 팔목에 족쇄가 채워지는구먼." 하고 농담을 할 정도로 여유가 있었다. 즉시 검사에 들어가고 나니 다음날 수술한다며 급박해졌다.

전신마취에서 깨어나 정신을 차리고 보니 병실에 와 있었다. 이번에는 팔목에만 족쇄가 채워진 것이 아니라 아래에도 채워져 있었다. 요도에서 방광까지 배출용 호스와 유입용 호스가 연결되어 링거병의 물을 방광으로 유입시켜 방광에 고인 피를 계속 씻어내는 것이다. 링거 한 병을 주입하는 시간은 약 40분, 그것을 밤낮 3일을 계속 하였으니 아내는 3일간을 제대로 잠을 자지 못하고 물병을 갈아 끼우고 배설물을 계량하여 기록하고 버려야 했다. 매일 아침 의사가 요도에 감긴 붕대를 풀고 소독을 하고 새 붕대로 감는다. 조직 검사라고 해서 살점을 조금 뜯어내는 것으로 알았는데, 그것이 아니었다. 본격적인 수술이었다.

만약 이 병시중을 아내가 하지 않고 애들이나 며느리가 하였다면 얼마나 서로가 불편하였을까, 나이 들어갈수록 부부가 해로(偕老)하는 것이 참으로 중요하다는 것을 실감했다.

내가 들어간 병실은 802호실이다. 원래 이 병동은 정형외과 병동인데, 교통사고 환자가 줄어 비교기과 환자가 같이 들어 있었다. 8인용 병실에 정형외과 환지와 비뇨기가 환자가 반반씩이었다. 소독약과 피, 오물 등이 뒤범벅인 병원 특유의 이상한 냄새와 신음소리, 육체를 마음대로 움직일 수 없는 불편함, 지옥이 따로 있는 것이 아니었다. 일상생활에서 혐오하는 '방귀'란 생리작용이 그렇게 중요한 것인 줄을 병원에 입원하기 전에는 미처 알지 못했었다. 고대하던 방귀가 3일 만에야 나왔다. 가스가 나오면 음식을 먹을 수 있게 된다. 팔에 채워진 족쇄는 풀어지게 된다. 팔이라도 자유스러워지니 마음의 안정도 얻게 되고 병실 분위기에도 점차 익숙해지는 것 같았다.

동병상련이라고 하였던가. 이 병실 안에서는 서로 간에 격의가 없다. 병상 사이에 가릴 것이 없으니 서로 터놓고 지낼 수밖에 별 도리가 없다. 서로의 치부(恥部)를 보고도 못 본 체 고개를 돌려준다. 그러니 마음의 벽도 자연히 허물어지는 것이다. 보호자가 자리를 비운 사이 링거 주사가 바닥나면 아무나 먼저 본 사람이 간호실로 달려간다. 옆 환자가 움직일 일이 있으면 가까이 있는 사람이 몸을 부축하여 휠체어에 태워 밀고 간다. 802호실 안에서는 모두가 평등하다. 팬티 하나 걸치지 않은 알몸에 환자복만 입었을 뿐이니 옷을 잘 입고 못 입고도 없으며 부자도 가난한 사람도 없다. 다 같이 질병의 상태에 따라 적절한 치료를 받을 뿐이다. 그곳에는 빠른 쾌유를 갈망하는 절실한 소망과, 연민, 자비와 봉사하는 마음이 있을 뿐이다.

인도의 켈커타에서 빈민과 환자들을 위해 평생을 헌신하고 세상을 떠난 테레사 수녀가 조만간 성인(聖人) 반열에 오를 것이라는 뉴스가 있다. 802호실 안에 있는 분들의 이웃에 베푸는 헌신적 사랑과 몸을 아끼지 않고 환자 수발 하는 모습들을 보면서 저것이 바로 성인(聖人)의 모습이 아닐까 하는 생각을 해본다. (1998. 12.)

우애(友愛)

설빔을 차려 입은 아이들이 앙증스러운 자세로 세배를 한다. 세뱃돈을 주었더니 한결같이 '고맙습니다' 하고 인사를 한다. 요즈음 아이들은 똑똑하고 영악하다.

아이들 세배하는 모습을 보고 있으니 어렸을 적 설 풍경이 떠오른다. 고향에서 세배를 다니려면 5일을 족히 잡아야 했다. 네 분의 종조부(從祖父)중 한 분이 이웃 마을에 살았기 때문에 그곳에 다녀오는데도 반나절이 갈렸다. 당내간은 물론 외가까지 다녀야 했다.

그런데 친척이 아닌데도 꼭 세배를 드리는 곳이 있었다. 그곳은 경숙이네 집이다.

농촌의 겨울밤은 쓸쓸하다 못해 적막하다. 한지 문풍지 사이로 들어오는 찬바람은 방안의 잉크병이 얼 정도였다. 군불 덕에 이불이 깔려 있는 아랫목만이 겨우 온기를 유지했다. 오죽하면 '바늘구멍에 소 바람 든다'는 속담까지 생겼을까!

저녁 먹고 이불 속에 들어가면 옴짝달싹 못하고 그 속에서만 있게 된다. 말 상대 하나 없는 독수공방에서의 겨울밤은 더더구나. 그래서 동지섣달 긴긴 밤의 애환을 담은 노랫말도 그리 많이 생겨난 것일까.

아버지가 환갑을 지나고 얼마 되지 않아서 어머니가 돌아가셨다. 그래서 아버지는 오랫동안 홀로 계셨다. 그러한 겨울, 늦은 밤이면 거의 매일이다시피 밤참을 들고 아버지를 찾아주는 여자분이 있었다.

경숙이네와 우리는 친척 이상으로 각별한 사이인 것 같았다. 할아버지와 경숙이 할아버지가 의형제를 맺은 사이라는 것은 한참 후에야 알았다. 경숙이 할머니는 우리 집에 자주 오셨으나 경숙이 어머니는 별로 왕래가 없었다. 어머니와는 처지가 달랐기 때문일 것이다. 경숙이네는 우리 마을에서 제일가는 부자였다. 경숙이 어머니는 바깥출입도 자주 아니 하였다. 그러나 우리 집은 형편이 달랐다. 아버지가 군청 공무원이었으나 가사에는 전혀 관심이 없어서 어머니가 농사일은 물론 모든 일을 도맡아 하여야 했다. 한가로이 시간을 보낼 처지가 아니었다.

경숙이 어머니는 우리 어머니보다 먼저 돌아가셨다. 그래서 새어머니를 모셨다. 늦은 밤 밤참을 가져오는 여자분은 경숙이 새어머니였다. 홀로 계시는 아버지를 위한 경숙이 아버지의 배려였다.

우리 마을은 200호가 넘는 농촌 마을치고는 꽤 큰 마을이다. 경숙이네 집에서 우리 집까지는 20분은 걸어야 한다. 춥고 어두운 밤 밤참을 들고 매번 온다는 것은 그리 쉬운 일이 아니다.

연상인 경숙이 아버지가 아버지보다 먼저 돌아가셨다. 병상에 누워 있는 동안 아버지는 자주 문병하였고 그 임종도 지키셨다.

돌아가신 분들의 우애를 후손들이 이어받아 경숙이하고도 친형제처럼 지내야 한다고 생각하면서도 그렇게 잘 되지 않는다. 아이들을 보내 세배를 드리게 해야 할 것 같다. 그것이 우애의 가교가 될 수 있도록….

(2002. 2)

우리 동네

- 방학동-

'우리 이곳으로 이사 온 것 참 잘했어요.'

중랑천 둑길을 걸으며 아내가 하는 말이다. 그 말은 전에도 몇 번 들은 적이 있다. 둑길을 걸을 때마다 새삼 느껴지는 모양이다. 전에는 학교 운동장을 돌았었다. 운동장을 도는 것과 강가 둑길을 걷는 것과는 그 기분이 다르다.

중랑천은 우리와 묘한 인연이 있다. 아내가 처음 교사로 배치된 곳이 상계초등학교였다. 그때 상계동으로 통하는 길은 월계교와 노원교를 통과하는 방법밖에 없었다. 상계동의 중심지는 현 상계동 우체국 부근이었고 그 앞은 배 밭과 논이 있는 들판이었다. 돈암동에서 출근했던 아내는 의정부행 버스에서 내려 택시를 이용하여 노원교를 거쳐 가기도 하고 지금의 창동교 부근에 있던 나룻배를 이용하기도 하였다. 나룻배라야 노가 있는 것도 아니고 양안(兩岸)에 새끼줄을 매어 놓고 그것을 잡아 당겨서 움직이는 구조였다.

방학동으로 이사를 하게 된 동기 또한 극적이다. 집을 옮길 목적이 아니라 집을 수리하는데 참고하기 위하여 아파트 견본주택을 보러갔었다. 그런데 견본주택을 보고 한눈에 반해 버렸다. 살고 있는 아파트에 비하면 이것은 호텔 같다는 생각이 들었다. 가는 날이 장날이라고 그날이 청약 마감 날인데다 토요일이었다. 중계인과 원매인(願買人)을 차에 태우고 은행으로 달렸다. 은행 마감시간이 임박했기 때문이다. 그렇게 해서 현재의 아파트가 우리 집이 되었다.

중랑천 하면 우선 얼굴부터 찡그렸다. 비만 오면 범람하여 주변 동네가 침수되기 일쑤요, 시커먼 냇물은 시궁창 냄새 때문에 둑길을 걷기가 역겨웠다. 1998년 7호선 태릉역 침수사건은 그 피해가 너무 컸기 때문에 아직도 우리의 기억 속에 생생하게 남아 있다. 비 온 뒤에 땅이 굳어진다고 하였다. 언제부터인가 중랑천에 철새가 날아들고 있다. 서식하는 물고기는 잉어, 붕어, 메기 류가 대부분이라고 한다. 봄철이면 산란을 위해 무리지어 시커멓게 올라오는 잉어 떼가 장관을 이룬다.

죽었던 중랑천이 살아난 것이다. 상류인 의정부에 대규모 하수처리장을 설치하고 유입되는 지류의 생활하수를 분리 처리하는 등 당국의 꾸준한 노력과 주민들의 정성어린 관심이 주효한 것이다. 냇가 둔치에는 개망초, 명아주, 갯버들, 개키버들, 냉초 등 여러 종류의 식물들이 제멋대로 자라고 있으며 그 옆으로 자전거 도로가 있다. 자전거 도로 옆으로 이어진 유채 밭은 이른 봄을 장식한다. 군데군데 넓은 공간에는 인라인 스케이트 연습장으로 활용하고 있다.

둑길은 비포장이다. 걷기 운동 장소로 활용하기 위해 일부러 포장하지 않았다고 한다. 곳곳에 지붕 있는 쉼터와 운동기구가 설치되어 있다. 가로수로 터널을 이루는 길옆에는 맨발걷기 운동 시설인 자갈길도 꾸며져 있다.

둑길에 접해 있는 도봉구청 건물은 시내에서 가장 아름다운 청사로 이름나 있다. 8층인 메인건물 스카이라운지에는 밤늦게까지 불빛이 휘황하다.

중랑천의 백미는 야경에 있다고 할 것이다. 하천의 굴곡을 따라 끝없이 늘어서 있는 가로등, 건너편 동부 간선도로를 질주하는 차량의 이어지는 불빛이 아우러져 강물에 투영되며 생동감 있는 조화를 이룬다.

강바람은 좀체 정체되는 일이 없다. 적당히 목덜미를 간질이는 시원한 밤바람을 받으며 걷기 운동을 계속한다. 아내는 팔꿈치를 구부리고 걸어야 속도가 난다고 일러도 잘 되지 않는 모양이다. 팔을 늘어뜨리고 걸으며 따라 오느라 안간힘을 쓴다. 그러면서도 컴컴한 운동장을 돌 때를 생각하면 지금이 한없이 만족스러운 듯 아내의 얼굴이 무척 밝다.

아츠꼬(敦子)

오랜만에 모교인 고향 초등학교에 들렀다. 외벽에 골탈 칠을 한 검정색 판자를 두른 목조건물의 교사는 헐리고 콘크리트건물이 들어섰다. 연두색 페인트를 입힌 이층 건물이 장난감처럼 앙증스럽다. 교사와 떨어진 서쪽 끝에 교장 관사가 있고 그 앞으로 실습용 채소밭이 있었다. 그곳에 두레박으로 퍼 올려 마시는 우물 물맛이 그렇게 시원할 수가 없었다. 그 채소밭이며 우물마저 없어지고 여남은 수도꼭지가 줄지어 있는 음수대가 있다. 미지근한 것이 옛날 그 우물 맛과는 영 다르다. 올려다본 관사 어귀에 단발머리의 아츠꼬가 미소 지으며 획 지나가는 환상이 보인다. 나이를 먹을수록 유년 시절의 아련한 추억이 어머니의 젖가슴을 연상하듯 슬프게 그리워지는 것일까!

아츠꼬, 그녀는 야나기사와(柳澤) 교장의 막내딸이며 내 초등학교 동기생이다. 야나기사와 교장은 일본이 패망하기 전에 귀국하였다.

광복과 더불어 일본과 통신이 두절되는 바람에 그녀와는 연락이 끊겼다. 우리 집이 교장 관사 부근에 있었고 교장선생이 3학년에서 6학년까지 담임이어서 관사를 자주 드나들었다. 아츠고는 키가 자그마하고 피부가 하얀 가녀린 소녀였다. 부끄럼을 잘 타는 그녀는 나를 똑바로 쳐다보지도 못하였으나 항상 미소를 잃지 않았다.

어느 비 오는 날 헐렁한 고무장화를 신고 학교엘 갔었다. 그것을 본 교장선생이 고향인 토야마겐(富山縣)은 눈이 많은 곳이라 고무장화가 필요한데 줄 수 없느냐고 하였다. 그때는 한창 전쟁 중이어서 고무가 귀했다. 군수품 외에는 고무제품을 만들지 않았다. 때문에 고무장화를 구하기가 어렵던 때였다. 저녁 무렵 깨끗이 닦은 고무장화를 들고 아츠꼬네 집을 찾았다. 아츠꼬와 그의 어머니만 있었다. 평소에도 조용한 집이었으나 그날은 유난히 가라앉은 분위기였다. 냉기마저 흘렀다. 아츠꼬는 평소 나만 보면 도망가기 일쑤였는데 그날은 달랐다. 결심이라도 한듯 제법 어른스러운 태도로 맞이해 주었다. 다다미방인 거실에는 그녀와 나뿐이었다. 반쯤 고개 숙인 그녀의 모습이 처연해 보였다. 자기는 조선에서 나서 조선에서 자랐기 때문에 일본이 오히려 낯설게 느껴진다고 하였다.

그 무렵, 일본 본토에 대한 미군의 폭격이 심했다. 그뿐 아니라 근해에서 미군의 어뢰에 침몰되는 군용 수송선이 많았다. 급기야 관부연락선인(關釜連絡船)인 금강호(金剛丸)가 격침되기에 이르렀다. 일본 근해의 해상 항로는 극히 불안전하였으며, 일본의 패색이 짙게 깔려 있었다. 그래저래 그녀는 불안하고 근심스러운 표정이었다. 이곳 친구들은 잊을 수 없을 것이라고 하였다. 일본에 도착하는 대로 편지하겠다는 그녀의 목소리는 가늘게 떨리고 있었다. 어떻게 위로해야 할지 입이 열리지 않았다. 꼭 다시 만날 수 있을 것이라고 힘주어 말하고 그녀의 집을 나왔다. 그 후 아츠꼬 일가에 대한 생각이 머릿속에서 지워지지 않았다. 그때 무사히 귀국할 수 있었을까. 지금은 어떻게 살고 있을까. 궁금한 게 한두 가지가 아니었다.

세월이 흘러 일본과 국교가 열리고 왕래가 비교적 자유로운 세상이 되었다. 우리 모임에서도 관광차 일본을 가게 되었다. 초등학교에서 야나시사와 교장의 일본 주소를 알아냈다. 도야마시 후나바시촌(富山市舟橋村)이란 곳이었다. 인터넷 검색으로 그곳의 전화번호를 확인하였다. 우여곡절 끝에 그곳 책임자로부터 야나기사와 성씨의 직원을 소개 받았다. 뜻밖에 그가 아츠꼬를 알고 있었다. 교장 내외는 이미 타계하였고 아츠꼬는 오사카에 살고 있다고 하였다. 그에게 나를 소개하였고 여행 일정과 아츠꼬를 만나고 싶다는 뜻을 전했다.

오사카역 부근의 한 호텔에 여장을 풀면서 호텔 종업원의 도움을 받아 아츠꼬와 통화를 할 수 있었다. 그녀는 몹시 반가워했다. 요즘 바깥출입을 잘 안 한다며 집으로 왔으면 좋겠다고 하였다. 그래도 되겠느냐고 하였더니 단 한 사람 소꼽동무(おさな なじみ)가 아니냐며 크게 웃었다. “아 그렇군요!” 하며 나도 웃었다. 하긴 한국에서 나고 한국에서 자란 그녀에게 유년 시절을 반추할 상대가 일본 천지에는 없을 것이다. 그녀의 재치 있는 한마디에 그동안 쌓였던 세월의 벽이 와르르 무너지고 긴장이 확 풀리는 기분이었다. 주저했던

마음도 쑥 가시고 새로운 용기가 생겼다.

4월의 오사카 날씨는 한국과 별로 다르지 않았다. 군데군데 엷은 구름이 길게 뻗은 온화한 날씨였다. 그녀의 집은 오사카의 중심부를 흐르는 도톤보리 천변의 소오애몬마찌(宗右衛門町)란 곳에 있었다. 지하철역에서 가까운 곳이었다. 내(川)를 낀 아담한 3층 건물이었다. 거실은 양식으로 꾸며진 꽤 넓은 공간이었다. 남향인 베란다에 넓은 유리창이 나 있어 전망이 좋았다. 도톤보리천에는 한 무리의 오리가족이 한가로이 유영하고 있다. 거실 벽에는 대형 액자의 가족사진이 걸려 있었다. 아츠고 부부와 남매였다. 아츠꼬 부부는 오사카 시립 중학교 교사 커플이었다고 한다. 아츠꼬는 중도에서 퇴직하였고 부군은 교장으로 정년퇴직 하였다. 아들은 시내에서 정형외과 개업의, 딸은 초등학교 교사로 재직 중이라고 하였다.

"사다쿠니(完城)상, 생각보다 젊어 보여 더욱 반가와요."

자기 남편과 비슷한 연배인데 내가 더 젊어 보인다며 하는 말이다. 일제의 강압으로 창씨개명 했던 '사다쿠니'를 수십 년 만에 들어보니 기분이 묘했다. 갑자기 어린 시절로 돌아간 것 같은 정감마저 느껴졌다. 처음 보았을 때 하도 반가워서 힘껏 안아 주고 싶었으나 차마 그러하지 못하였다고 했더니 그녀도 같은 기분이었다며 웃었다. 그녀와 얘기를 나누는 사이 어느새 정오가 되었다. 일행과의 약속 때문에 일어섰다. 그러나 그대로 헤어질 수 없다며 1층 식당으로 안내하였다. '쓰루 돈단'이란 간판이 걸려 있다. 그녀와의 마지막 오찬이 될지 모르겠다는 생각을 하니 숙연해졌다.

식사를 마치고 현관을 나오며 그녀를 힘껏 껴안았다. 어느새 나는 초등학교 시절의 그 가녀린 아츠꼬를 껴안고 있었다. 나만 보면 고개 숙여 미소 지으며 도망가던 그녀의 모습이 어른거린다. 그녀를 놓으면 그 유년 시절의 아련한 환상이 깨어질 것 같은 두려움에 그를 놓을 수가 없었다. 얼마만큼의 시간이 흘렀을까! 그녀를 놓았을 때 그녀의 눈가는 촉촉이 젖어 있었다.

친 구

그의 아파트는 903호였다. 초인종을 누르려고 하니 왠지 가슴이 두근거리고 주저해졌다. 용기를 내어 초인종을 눌렀다.

그는 초등학교 동창생이다. 그러나 나이는 나보다 다섯 살이나 위이다. 3학년부터 6학년까지 그는 급장이고 나는 부급장이었다. 그의 그늘에 가려 급장 한 번 못 해보고 초등학교를 마쳤다. 그때는 나이 차이가 많은 줄을 몰랐다. 그도 나이티를 하지 않아 우리는 친구로서 그저 정답게 지냈다.

내가 제일 어려운 것은 붓글씨였다. 그는 붓글씨를 잘 썼다. 선생님께 제출하는 붓글씨는 그가 대필해줬다. 지금 생각하면 선생님께서 그것을 몰랐을 리 없었겠지만 한 번도 지적하지 않았다.

그는 일찍이 교직에 몸담아 교장으로 정년퇴직을 하였다. 유치원을 운영하며 여생을 보낼 요량으로 아파트 단지 안에 유치원 부지를 분양받아 공사를 시작했다. 그러나 뜻하지 않게 주민들의 반대에 부딪쳤다. 반대자들과의 회의를 주재하던 그가 갑자기 쓰러졌다. 평소 교장으로 학부모들의 추앙을 받아오던 그가 처지가 바뀌어 반대 시위에 부딪치자 받은 충격이 컸던 것 같다.

움직이지 못하고 누워있는 지가 4년째 된다. 부인의 극진한 보살핌 덕인지 얼굴이 생각보다 초췌하지는 않았다. 내가 친구를 위해 할 일이 별로 없는 것 같았다. 나의 위로의 말이 무슨 도움이 되겠는가. 무거운 마음으로 작별의 인사를 나누었다.

중학교 동창생이 있다. 그는 서울 시청에 근무하고 있었다. 사무실도 가까울 뿐 아니라 서로 의기투합하여 우리는 자주 어울렸다. 주말마다 그의 직원 한 분과 같이 등산을 하였다. 중학교 동창생이 꽤 있었으나 그중에서도 그 친구와 가장 가까웠다.

어느 날 외출에서 돌아오니 본청 B과장 아들이 변을 당했다는 내용의 쪽지가 있었다. 우리 계통청 여기저기 전화해도 그런 일이 없다고 하였다. 무언가 잘못 전달되었겠구나 생각하고 덮어 두었다. 며칠 뒤에야 그것이 시청에 근무하는 친구 일이라는 것을 알았다. 군에 간 아들이 갑자기 병사했다고 한다. 가까운 친구들이 일선 현장까지 갔었으나 나만 가보지를 못하였다. 시청을 본청이라고 하는 호칭을 그때서야 알았다. 구청 사람들이 시청을 본청이라고 부르는 것 같다. 그 전달자가 시청이라고 하였으면 바로 알 수 있는 것을 외부 사람에게 전하면서 자기들끼리 하는 식으로 본청이라고 하였으니 못 알아본 것은 당연한 일이었다. 그 일로 해서 그 친구와의 사이가 소원해졌다.

가장 가깝다고 생각한 친구가 의리 없는 짓을 하였으니 그만큼 배신감이 컸을 것이다. 그러나 아직 그 일에 대하여 변명을 하지 않았다.

내가 3개월 병상에서 투병할 때도 그만은 오지 않았다. 아내는 그가 의리 없는 사람이라고 했다.

우리는 그러한 일이 언제 있었느냐는 듯이 다정하게 지내고 있다. 그러나 그의 가슴 한구석에 그때의 서운함이 남아 있으려니 생각한다. 왜냐하면 나에게도 그때의 일이 지워지지 않고 있기 때문이다.

직장이란 어떤 의미에서는 살벌한 곳이다. 동료 간에도 경쟁의식이 있고 서로 이해관계가 얽힌 경우도 많다. 그래서 흉금을 털어놓고 사귀기가 어렵다. 처음 직장에 들어갔을 때 사귄 친구가 있었다. 근무처는 달랐어도 오래도록 친하게 지내왔다. 그의 아들 결혼식 때 나의 실수로 참여하지 못한 일이 있었다. 그 후로 그와의 사이가 점차 멀어짐을 느꼈다.

친구 하나는 동창 모임에 나오지 않는다. 이유를 알아보았더니 같은 동창 친구와 거래를 하다 손해 본 일이 있어 그 후로는 동창들과 상종하기 싫어져서라고 한다.

따지고 보면 친구란 실 같은 끈으로 맺어진 사이에 불과하다. 그 끈이 끊어지지 않도록 하기 위해서는 서로의 노력이 필요한 것 같다.

옛말에 어려울 때의 친구가 진정한 친구라 하였고 의리 없는 사람과는 사귀지 말라고 하였다.

(2001. 3)

황인조를 생각한다

아직도 찬바람이 살갗을 스치는 이른 봄날 토요일 오후, 여느 주말이나 마찬가지로 그의 집을 찾았다. 따사로운 봄빛이 쪼이는 마루턱에, 부부가 주안상을 사이에 두고 마주앉아 막걸리 잔을 기울이고 있었다. 그 친구를 생각할 때면 언제나 그 장면이 떠오른다. 그러한 장면이 강한 인상으로 각인된 것은, 그때 우리가 20대였으므로 그러한 광경은 어른들에게서나 흔히 보는 장면이며, 우리는 어른들 심부름으로 술이나 사다 날랐었지 그 주역이 되어 보지는 못했었기 때문에 젊은 부부의 그러한 광경이 특이하게 보였던 것 같다. 그때 그는 돌산중학교 교사 발령을 받고 얼마 되지 않았을 때이며 나는 시내 중등학교에서 역시 교편을 잡고 있었다. 그들은 주말 부부였으므로 토요일에나 집에 올 수 있었다.

10여 년의 세월이 지나 갔다. 그사이 나는 상경하여 중앙관서 공무원으로 근무하고 있었다. 바쁜 일과 중에서도 틈이 생겨 남산의 우거진 숲을 바라보며 상념에 잠길 때면 고향에서의 일이 생각난다. 특히 친구들과 어울려 병모가지, 종포의 귀환동 등 구질구질한 뒷골목만 찾아다니며 술타령 하던 생각이 떠오르곤 하였다. 그럴 때마다 인조군의 근황이 궁금하였으나 그의 소식을 알 길이 없었다. 학교를 그만 두었다는 소식만 들었을 뿐 그 후의 행방은 알 수가 없었다. 어느 해 연말, 평소 궁금했던 그의 소식을 들을 수 있는 묘안이 생각났다. 그것은 그에게 연하장을 보내는 것이었다. 천하의 황인조를 시골 군 단위 우체국에서 모를 리 있겠느냐는 생각이 떠올랐기 때문이다.

수취인 주소 란에 '광양군'만 쓰고 '이 분은 ○○중학교를 다녔고 ××대학을 졸업한 분입니다. 집배원 아저씨 꼭 수소문하여 배달 좀 해주세요.' 이렇게 썼다. 그 연하장은 용케도 그의 손에 들어갈 수 있었다. 아니 정확히는 그의 동생에게 배달된 것이다. 병역관계로 학교를 그만 두고 사업을 하다 그것도 여의치 않아 집어 치우고, 그때는 이미 서울에 올라와 있었다. 우리는 서울에서 다시 만나게 되었다.

성실한 자녀들과 전형적인 현모양처인 그의 부인 신여사의 헌신적인 내조로 어려운 여건 속에서도 3층짜리 다가구주택도 마련하고 자식들 시집 장가보내고 서울에서 편안한 노후를 보내는가 싶더니 지난해에 홀연히 귀향하고 말았다. 자세한 사정이야 알 수 없었으나, IMF후인지라 귀향사유가 그렇게 밝은 쪽만은 아닌 것 같아 여간 섭섭하지가 않았다. 그러나 지난번 그가 낙향한 그의 고향집을 가본 후 그러한 생각이 기우였음을 확인할 수 있었다.

와우리(臥牛里)란 마을 이름은 소가 누워있는 형상이라 하여 지어진 이름이다. 그의 집은 누워있는 소의 사타구니 쪽에 해당하는 곳에 있다. 그래서 그 집터는 예부터 풍수지리상 식복이 많은 집터로 알려져 있다고 한다. 따지고 보면 그 어려웠던 시절, 대학교육까지 마칠 수 있었던 것은 소 젖꼭지 좌(座)에 있는 그의 집터 덕이었던 것 같다.

가끔 제사 때나 내려가는 고향집이지만 하루 종일 있어야 '응길이 왔나' 하고 찾아 주는 친구가 없다. 우리 마을은 초등학교 소재지로 200호가 넘는, 촌마을 치고는 꽤 큰 마을이다. 전주 이(李)씨 집성촌으로 반 이상이 전주 이씨 집안인데다 내 항렬(行列)이 높은 편이어서 내 나이 또래라도 함부로 내 이름을 불러줄 사람이 없다. 고향에 남아 있는 몇 안 되는 초등학교 동창생도 이래저래 다 죽고 없으니 고향에 내려가면 외롭기 짝이 없다.

와우(臥牛) 젖꼭지 좌(座)의 집터 덕분일까, 고향에 내려간 그는 하루도 빼지 않고 술 마실 일이 생긴다고 하였다. 집 앞 노인정에는 효심 높은 마을 사람들이 집안에 대소간 행사가 있을 때면 빼놓지 않고 술이며 안주를 푸짐하게 가지고 오기 때문이란다. 매일 술을 마시는 것이 딱히 옳고 그름을 떠나 외롭지 않다는 것만은 분명하다. 마을 앞 쇠 섬(鐵島)이 이름값을 하느라고 광양제철소가 들어서는 바람에 공해 문제가 있을 수 있으나 아직은 별 문제가 없는 것 같다. 골약면 와우리가 동광양시 마동 와우리로 바뀐 것 또한 변화라고 하겠다.

늙는다는 것은 모든 사회적 관계로부터 단절되어 가는 과정이라는 내용의 글을 쓴 적이 있다. 그것은 사람의 효용가치가 점차 줄어드는 것과 비례한다. 덜 늙는 비결이 다접(多接), 다동(多動)을 말하는 사람이 있다. 되도록 많은 사람과 접촉하고 많이 움직여야 된다는 말이다. 그런 의미에서도 그의 낙향은 잘한 일이라는 생각이 든다.

흉허물 없는 어릴 적 친구가 있고, 그래서 우선 마음이 편할 것이요, 낯익은 산과 들, 소금기 섞인 바닷바람, 어느 것 하나 버릴 것 없는 와우리의 환경은 그의 생활에 새로운 활력을 불어 넣고 건강을 유지하는데 안성맞춤인 곳임에 틀림이 없다.

부디 건강하게 장수하시기를.

관파선생 송덕비(觀波先生頌德碑)

일본 관서지방을 여행하였다. 교토(京都)에 귀무덤(耳塚)이란 것이 있었다.

임진왜란 때 왜군이 살해 한 조선인들의 귀와 코를 베어다 풍신수길(豊臣秀吉)에게 전공의 증표로 보이고 묻은 무덤이다. 무려 12만 6천 여 명의 귀와 코가 묻혔다고 기록되어있다. 귀무덤에서 300m거리에 풍국신사(豊國神社-풍신수길의 신을 모신 사당)가 있었다. 는개비가 내리는 경내 울창한 숲 이곳저곳에서 귀무덤 원혼(冤魂)들의 호곡(號哭) 소리가 들리는 것 같았다. 가슴속 깊은 곳에서 통한의 눈물이 솟구쳤다.

곡화마을(華東里) 동쪽 야트막한 고개를 돌고개라고 한다. 그곳에는 굵은 바위들이 널려있다. 근래 고고학자들의 학술 답사가 있었고 큰 바위 몇 개에는 '고인돌'이라는 표시를 해놓았다.

오늘은 그 돌고개 맞은편 언덕에 새운, 관파(觀波)선생 송덕비 제막식을 하는 날이다. 1945년 36년간의 일제 식민지 통치로부터 해방이 되어 모두들 막연한 희망에 들떠 있었으나 젊은이들의 갈 길은 막연하였다. 일제의 수탈과 계속된 한해(旱害)로 한국사회는 피폐 할대로 피폐해 있었다. 당장 먹고 살기도 어려운 형편에 자녀교육은 엄두를 내지 못했다.

관파(觀波)께서는 해방 후의 혼란한 시기에 가장 시급한 일이 방황하는 청소년들에게 민족 교육을 시키는 것이라고 생각하고 관직을 그만두고 청소년 교육 사업에 투신하였다. 덕분에 취학시기를 놓치지 않고 중등교육 과정을 이수한 젊은이들은 상급학교로 혹은 사회에 진출하여 각계각층에서 지도적 역할을 수행하고 있다. 흔히 시골 유지(有志)를 해바라기 유지라고들 한다. 정권이 바뀔 때마다 여권(與權)에 영합하여 만년 여당 행세를 하는 것을 빗대어 하는 말이다. 관파께서는 시류에 영합하는 일이 없었다. 양식 있는 지식인으로서 소신을 굽히지 않았던 선비였다고 여겨진다. 당신의 출입문 위에는 안빈낙도(安貧樂道)의 휘호가 걸려 있었다.

고결한 선비 정신과 어려웠던 시기에 후진 양성에 힘 쓰셨던 관파선생을 흠모하는 제자와 후학들이 뜻을 모아 송덕비를 세우기로 하였다. 각계각층을 망라한 광범위한 협조와 출연(出捐)으로 성공적으로 건립사업이 이루어져 오늘, 그 개막식을 하게 되는 날이다. 바람이 거센 차가운 날씨에도 불구하고, 추진위원, 동문, 이장단(里長團), 국회의원, 시 도의원, 시장, 면장, 재경향우회장, 기타 일반인 등 많은 사람이 참석한 가운데 성황리에 이루어졌다. 뜻을 세우고 공적비 건립사업을 추진한 추진위원은 비석에 이름이 새겨지고 출연한 분들은 별도 와비(臥碑)에 수록되었다.

낙후한 향토를 발전시키기 위하여서는 인재양성이 우선되어야 한다고 생각하고 교훈을 '향토개척'이라고 하였다. 관파의 이 '향토개척' 정신과 후진양성에 힘쓰신 공덕을 길이 기리는 것 못지않게, 스승을 공경하고 그의 교훈인 '향토개척정신'을 이어가겠다고 다짐하는 제자와 후배가 있다는 사실이 그 스승의 공덕에 못지않게 중요하다는 생각이 들었다. 스승을 생각하고 보은의 뜻을 비석으로 새겨 영구히 남기겠다고 생각하는 제자와 후진이 있는 고장은 선비의 고장으로 그 전통이 길이 남을 것이다.

400년이 지난 어느 날, 귀 무덤을 보고 왜적에 대한 울분을 삭이지 못한 후손이 있었던 것처럼, 오백년 천년이 지난 후에도 곡화마을 입구에 우뚝 서 있는 송덕비를 자랑스럽게 바라보는 우리의 후손들은 스승을 공경하고 사랑하는 정신과 고향사랑의 정신을 이어 받아 '향토개척'의 의지를 길이 이어갈 것이다.

윤동주 60주기 추도식

끝없이 깔려있는 운해를 보며 기내식으로 점심을 때우고 한숨 돌리는가 했더니 이내 엔진소리가 멎으며 기체가 구름을 뚫고 조금씩 하강하기 시작하였다. 바다 가운데로 길게 뻗은 모래 등이 자욱한 안개 사이로 어렴풋이 보이기 시작하였다. 그것이 후쿠오카를 감싸 안고 시카노시마(志賀島)를 잇는 모래 언덕이려니 짐작할 수 있는 것은 여행 목적지인 규슈(九州)지방을 나름대로 공부한 덕분이다.

안개가 자욱한 후쿠오카 만(灣)을 주시하고 있으려니 불현듯 미지마유키오(三島田紀夫)의 환상이 떠오른다. 그는 일본 자위대가 도열한 단상에서 일장 연설을 하고 황제폐하 만세를 부르며 할복(腹切) 자결한 사람이다. 그 사건은 세계인에게 일본 극우세력의 일면을 극나라하게 보여 주었다는데 의미가 있다. 윤동주 시인이 일본 후쿠오카 형무소에서 순국한 60주기(週忌)를 맞이하여 그 현장에서 추도식을 갖고자 일행과 같이 인천공항을 출발한 것이다. 복잡한 인천공항에 익숙해서일까 후쿠오카공항은 비교적 조용하고 시골티가 역연했다.

하카다(博多)역 앞 호텔에 여장을 풀었다. 언어가 다르다는 것 빼고는 사람들의 외모나 주위 환경이 한국과 비슷해서 별로 낯설게 느껴지지 않았다. 이튿날 새벽 산책길에서 목도한 지하도의 노숙자들까지도 서울역 부근 지하도에서 흔히 볼 수 있는 광경이라 더욱 그러하였다.

밤에는 추모 문학의 밤 행사가 있었다. 주제 발표를 한 가톨릭대 류양선 교수는 윤동주의 작품 「병원」 「화원에 꽃이 핀다」 「서시」 등을 예시하며 윤동주는 시 정신이 탁월한 훌륭한 시인이라고 하였다. 덕성여대 이은애 교수는 비교적 많은 준비를 하여 그의 학문적 성실성을 엿보게 하였다. 「자화상에서 참회록에 이르는 길」이란 제목의 주제 발표를 하였다.

윤동주는 1917년 12월 30일 만주국 간도성 화룡면 명동촌에서 출생, 1939년 연희전문 문과를 졸업하고 1942년 동경 입교대학 영문과에 입학하였으나 그해 10월 경도 동지사 대학 영문과로 옮겨 학업을 계속하였다. 1943년 7월 1일 첫 학기를 마치고 귀향길에 오르기 직전 사상범으로 체포되어 교토 카모카와 경찰서에 구금되었다. 2년형을 선고 받고 후쿠오카 형무소에 수감 중 1945년 2월 16일 순국하였다. 짧은 생애였으나 「서시」를 비롯한 비교적 많은 문학작품을 남겼다.

다음날 윤동주 60주기 추모식을 거행하였다. 하늘도 그의 억울한 죽음을 슬퍼하는 것일까. 호텔을 나설 때 약간의 비가 내렸으나 현장에 도착하였을 때는 행사를 돕기라도 하듯 비는 그쳤다. 당시의 형무소는 다른 곳으로 옮겨지고 그곳은 구치소가 되어 있었다. 그 건물 뒤 공터에 영정을 안치하고 간소한 추모식을 올렸다. 주최측에서 준비한 꽃송이를 한 사람씩 헌화하고 각자 자작 추도시를 낭송하는 것으로 추모의 정을 바쳤다.

추도시

1945년 2월 16일
단군의 후손 윤동주
일본국
후쿠오카 형무소에서
순국하시었다

오늘
그 60주년 기일(忌日)을 맞이하여
그 현장에서
통곡하며
짐승처럼 울부짖음은

스물아홉의 젊음이 아까워서이며
목전의
조국해방을 보지 못하였음이
너무나 애석하여서이며

고문과 굶주림

정신적 고통 속에서
죽음의 나락으로 몰리고 있는 순간에도

우리는
황국 신민임을 선서하고
신사(神社)를 참배하여
그들의 전승을 기원하였으며
대일본제국 만세를 열창하던 사실들이
너무나 부끄럽고 원통해서일 것이다

분하고 억울하여
아직도 구천을 배회하실
원혼이시여!

천년이 간들 그 한(恨)
가셔지리요 만은
모든 시름 잊고
승천하소서

정보화 물결 속에 문학은
위기에 처하였다 하고

동강난 조국의 합일을
기약할 수 없으나
역사의 순리가 해결할 것이오니

부디 승천하시어

안식하소서

영원히.

자못 비통한 어조로 자작시를 낭송하였다. 그것은 바로 나 자신의 마음속에서 우러나오는 회한의 토로였다. 어린 초등학생 시절이기는 하나 단체로 신사 참배를 할 때에는 선생님 가르침대로 '짐승 같은 미국과 영국(鬼畜米英)이 꼭 망하게 해주소서.'라고 빌었던 것이다. 추도식장에는 멀리 미국에서 온 재미교포도 있었고 마나기미키코를 위시한 일본측 참가자도 있어 가히 국제적인 추모의 자리가 되었다.

30여 년의 식민통치하에서 그들의 황민화(皇民化)정책에 이끌려 어둠 속을 헤매일 때 윤동주 시인은 분연히 저항의 횃불을 들었던 것이다. 물론 그의 문학이 직설적이며 노골적인 항일형태는 아니었다 하더라도 서정적이며 평화적인 분위기 속에서 위안을 주는 문학이었기에 더욱 국경을 초월한 대중적 공감대가 넓다고 할 것이다. 그러한 의미에서 윤동주를 추모하고 그를 기리는 사업은 작게는 문학운동이지만 더 큰 취지는 민족운동이며 평화운동이라고 해도 모자람이 없을 것이다.

정봉구 선생님을 추모한다

"어! 차가 왜 이래요."

부드러운 목소리였으나 많이 불편하다는 표시임을 느낄 수 있었다. 그럴수록 더욱 긴장되고 조바심이 쳐졌다. 수유리와 미아사거리 사이가 상습 정체 구간임을 익히 알고 있었으나 그날따라 개강시간이 촉박하여 앞차를 바싹 뒤따르다 보니 급정거를 연발하게 되었다. 선생님이 사시는 아파트가 다니는 길목이어서 출강길을 모시기로 자청한 터였다.

퇴직 후 무료한 시간을 보내면서 해묵은 일본잡지 『文藝春秋』를 읽었다. 패전 후 관동군 관할이던 만주 일대에서 일본군이 소련군에 투항하여 포로로 끌려간 후부터 일본 본토로 철수하기까지의 사이에 겪은 일본 민간인들의 수기를 특집으로 수록하고 있었다. 중국인들의 박해와 소련 점령군의 횡포 속에서 근근히 목숨만을 건져 돌아온 처참한 체험담들이었다. 점령군 장교는 일본군 장교 집에 숙박하도록 배정되어 그와 일주일간 생활한 일본 장교 부인의 수기며 15세 된 큰아들을 중국인 집에 맡겨 그 집에서 머슴살이를 하게 되는 이야기 등 그것은 침략자의 말로를 상징하는 것들이었다. 그 기록을 읽은 그들의 후손들은 다시는 남의 나라를 침략해서는 안 된다는 교훈으로 삼았으면 하는 바람을 해보았다.

기록이라는 것이 중요하다는 사실을 느낄 수 있었다. 어려운 시기에 태어나 범상찮은 세월들을 보낸 우리들도 체험담 정도는 남겨야 되지 않을까 하는 생각이 들었다. 그러자면 어느 정도의 문장력은 갖추어야 되지 않겠는가. 그래서 성인교육기관에 관심을 갖게 되었다. 우연한 기회에 질녀로부터 그의 대학 은사인 정봉구 교수를 소개받았다.

평생을 문서와 씨름하며 세월을 보냈으나 완전한 한글 문맹자라는 사실을 새삼스러이 깨달았다. 띄어쓰기, 맞춤법 등이 엉망이었다. 지금도 수필 동인들의 합평을 거치지 않고서는 내 글은 한 발짝도 세상 밖으로 내보낼 수가 없다.

수유리 쪽보다는 월계로 쪽이 나을 것이라고 말씀하셨다. 평소 그 길을 많이 이용한다고 하셨다. 그곳도 장위동 길과 합쳐지는 창문여고 앞 삼거리부터 밀리기는 마찬가지였다. 뒷좌석을 권했으나 굳이 조수석을 고집하셨다. 다 같이 늙어가는 처지에 그럴 필요가 없다고 하시면서….

일본여행 중이었다. 아침에 TV를 켰더니 월요일 아침 뉴스가 나왔다. 깜짝 놀랐다. 총망중에 떠나오느라 여행 사실을 정 선생님께

알리지 못하고 떠나온 것이 생각났기 때문이다. 나를 기다리다 출강 시간이 늦어 당황해 하는 모습이 눈에 선했다. 지금이라도 전화로 알려야겠다고 생각했다. 환전 등의 절차가 번거로워 외국에서의 전화는 으레 수신자 부담으로 한다. 그러나 아침부터 반갑잖은 전화를 하면서 전화요금까지 부담시키기가 미안해서 같은 수강생인 C선생 댁으로 전화를 하여 전하도록 하였다. 요즈음도 가끔 그때 국제통화 요금을 내라고 한다. 그러나 나는 씩 웃고 만다. 그 요금을 줘버리고 나면 그 추억도 같이 사라져 버릴 것 같은 아쉬움이 남기 때문이다.

어느 노 시인은 임종을 맞으며 '아! 외가에 다녀오듯 저승에서 이승으로 다시 올 수는 없을까' 하며 죽음을 아쉬워했다고 한다. 달나라를 왕래하고 목성을 탐험하는 우주시대를 맞이하고 있다. 저승과도 소통이 되어 선생님의 근황을 물을 수 있는 세상은 언제나 오려는지 기다려진다.

선생님의 명복을 빕니다.

광복 70년 회고

「역사의 연구」로 유명한 아놀드 J. 토인비는 그의 회상록 서문에서 '80년 동안에 흔히 경험되는 이상의 변화 가운데를 살아오게 된 것에는 내가 영국에 태어나 자랐다는 것, 1889년에 태어났다는 것, 제1차 세계대전 때엔 군무에 부적격이었다는 세 가지 우연이 겹치고 있다. 만일 1차 세계대전에 종군했었더라면 나와 동년배인 많은 수의 사람들처럼 1915년이나 1916년에 전사했을지도 모른다. 나는 그 무서운 시대 이후 반세기 이상이나 살아왔다.'라고 기술하고 있다.

토인비보다 반세기 후에 태어난 나는 그 이상으로 험난한 체험을 하며 80평생을 살아왔다. 유년 시절 일제 식민지 통치하에서 2차 세계대전 와중에 그들의 수탈로 초근목피로 생활하는 배고픔의 시대를 겪었고, 해방 후에는 극심한 정치적 혼란기를 극복해야 했다. 14연대 반란사건, 6·25전쟁 등 격변기를 헤치며 살아남은 것이다.

1945년 8월 15일, 중요 방송이 있다는 전갈에 따라 전 직원이 군수실에 모였다. 12시 정각에 일황(日皇:일본천황)의 육성 항복 방송이 라디오를 타고 흘러 나왔다. 군수, 과장은 일본인이고, 여타 직원은 조선인이었다. 2차 세계대전이 막바지에 이르자 일제(日帝)는 보국대(報國隊)란 명목으로 조선 백성들을 군사시설 건설에 강제 동원하고, 학교에서도 공부는 뒷전이고 매일 비행장 건설 공사 등 군사시설 작업에 동원되었다. 나는 아버지의 주선으로 군청 산업과 농정계에서 근무 중이었다. 해방이 되면서 학교로 복귀하였다.

해방이 되었다고 태극기를 흔들며 군중들이 거리를 휩쓸었으나 우리 집은 그때부터 불운의 시작이었다. 출가한 큰누님이 폐결핵으로 죽고, 이듬해 징병당해 일군(日軍)으로 끌려갔다 돌아온 형님이, 초등학교 교사 발령을 받고 근무한 지 몇 달 되지 않아 역시 결핵으로 세상을 떴다. 나 역시 결핵균, 기관지침윤이란 진단을 받았다. 6·25전쟁이 나고 미군이 들어오면서 '마이신'이란 특효약이 보급되어 그 약 덕에 나는 폐결핵을 극복할 수 있었다. 역설적인 이야기이지만 김일성이 6·25전쟁을 일으키지 않았으면 나 역시 폐결핵으로 쓰러져 그때 이미 저 세상으로 갔을지 모른다.

반동분자

내가 태어난 곳은 평양북도 후창(平壤北道 厚昌)이다. 아버지는 23세 때, '조선총독부영림서 산림주사' 발령을 받고, 평양북도 영원,

후창영림서 등에서 근무하다 임지를 따라 남쪽으로 오게 되었다.

해방이 되고, 겨울방학 중 어느 날, 학교 선배인 이정기를 만났다. 고향 마을 양지바른 초가집 벽을 등지고 서서 담소를 나누던 중, 그가 떠벌리는 말에 충격을 받았다. 우리 고장 반동분자는 최 아무개, 박 아무개, 이 아무개라고 떠벌리고 있었다. 그중 이 아무개는 우리 아버지 함자임을 그는 전혀 모르는 눈치였다. 그는 지역 좌익 조직과 연관이 있는 것 같았다.

밤이면 산봉우리마다 좌익 사람들의 봉화가 올랐다. 학교(중학교)에서도 키 크고 힘깨나 쓰는 놈들은 좌익을 자처했고, 학련(학생 연맹)측 애들은 몇 명되지 않았다. 이북에서는 반동분자는 재산을 몰수하고 인민재판을 열어 처형한다는 소문이 자자했다. 그날 이후 나는 반동 트라우마에 걸렸다.

14연대 반란사건

기마경찰이던 자형(둘째 누님 남편)이 타지로 전근하게 되어, 누님집에 기숙하던 나는 학교 기숙사에 들어갔다. 학교에 학부형이 기증한 종마(種馬) 한 필이 있어 승마 연습을 하는 기마부가 있었다. 승마는 지도교사 지도하에서만 하도록 되어 있어, 안장(鞍裝)은 항상 교무실에 보관되어 있었다. 그러나 우리는 곧잘 안장 없이 말을 타고 시내를 나가곤 했다. 초가을 날씨가 제법 쌀쌀한 이른 아침, 안장 없는 말을 타고 시내로 향하던 중 보광동파출소 앞을 지나는데 보초를 선 군인이 불러 세웠다. 말을 타고 시내로 들어가면 위험하니 되돌아가라고 했다. 군인이 파출소 보초를 서고 있는 것이 의아했으나 기숙사로 돌아와 아침밥을 먹고 시내로 나갔다. 경찰서는 반란군이 장악하고 광장에서는 반란군 측을 지지하는 군중대회가 열리고 있었다. 밤사이 많은 우익 인사들이 붙들려온 것 같았다. 그날부터 기숙사에 가지 않고 동향 친구인 김수길 군집에서 묵었다.

김수길 군집은 경찰서 바로 뒤쪽 언덕 위에 있었다. 며칠이 지난 어느 날 밤, 요란한 총소리에 놀라 잠을 깼다. 아침밥을 먹고 간밤의 일이 궁금하여 경찰서 앞으로 나갔더니 화물차 한 대가 서 있고 주위에 학생들이 웅성거리고 있었다. 다가가 보니 일본군이 쓰던 99식 장총 하나씩을 나누어 주며 학생들을 화물차에 태우고 있었다. 앞서간 수길 군이 총을 받고 차에 올랐다. 뒤따르던 나도 총을 받았다. 거부하면 반동분자로 몰려 당장 무슨 봉변을 당할지 모르는 분위기였다. 마음속으로 승차를 주저하던 중 마침 안면 있는 좌익쪽 간부 되는 분이 있어 그분에게 총을 맡기고 화장실 가는 척 슬금슬금 도망쳐 나왔다. 그 후로 이승에서 수길 군을 만나보지 못했다.

반란군은 시내를 빠져나가 산악지대로 스며들고 시내는 공백상태였다. 진압군이 순천을 거쳐 여수 시내로 진입하고 있었다. 다급해진 인민위원회 수뇌부가 학생을 방패막이로 삼아 도망갈 궁리를 한 것이다. 그로 인해 철부지 학생들이 많은 희생을 당했다.

여수로 진입하던 진압군이 무장 학생들의 저항을 받자 일단 후퇴하여 산 능선을 타고 진입하였다. 시내 영등천을 경계로 서쪽 지역을 장악한 진압군은 시내 중심가에 박격포탄을 퍼붓고 시가지를 불태웠다. 수길군 집으로 갈 수 없게 된 나는 할 수 없이 큰자형 집으로 찾아들었다. 자형은 누님과 사별하고 시내 서국민학교 여교사(동창 최봉제군 누님, -용문여관집 딸)와 재혼한 상태여서 찾아가기 역겨운 형편이었으나 다급한 처지에 이것저것 따질 겨를이 없었다. 지하실로 안내되었다. 지하실이라야 2평 남짓한 공간에 사람이 꽉 차 있었다. 집(용문여관)이 불타버린 친정 식구들 같았다. 주먹밥으로 저녁밥을 때우고 있는데 총을 든 젊은이가 들어왔다. 친정쪽 외가 친척이라고 하였다. 몹시 긴장되었다. 아무리 다급해도 총을 버리고 들어올 일이지 모두가 빨갱이로 몰려 몰살당할 수도 있겠다는 위기감이 들었다.

다음날 아침 9시쯤 되었을까, 다 나오라는 고함소리가 들렸다. 내가 뛰쳐나갔다. 서로 머뭇거리다가는 큰 봉변을 당할 수가 있는 위기의 순간임을 직감했기 때문이다. 군인 서너 명이 마당에 서서 총을 겨누고 있었다. 반란군을 피해 숨어 있었노라며 수고가 많다고 구슬러댔다. 군인들이 수색을 멈추고 다음 집으로 옮겨 갔다. 나도 동행했다. 그 집 할머니가 태극기를 매단 긴 간짓대를 대문 앞에 세워두고 들어갔다. 그것을 빼어들고 국군 뒤를 따랐다. 군인들 집합장소가 중앙국민학교 교정이었다. 12연대 전 병력이 중대 소대별로 도열하고 있었다. 어느 대열 맨 뒷줄에 서 있었다. 민간인은 나 한 사람뿐이었다.

그 주위에는 가택 수색에서 끌려 나온 시민들로 꽉 차 있었다.

장교 한 분이 시민 중의 한 사람을 불러냈다. 그는 농구 선수인 우리 반 학생 신병학 군이었다. 동쪽을 향해 가라고 지시하는 것 같았다. 동쪽을 향해 뚜벅뚜벅 걸어갔다. 7, 8m쯤 갔을 때 M1소총으로 조준 사격했다. 그는 앞으로 쓰러졌다. 설마 그것이 사람 죽는 것이라는 생각을 못했다. 후에 들으니 그는 그때 그렇게 총살당했다고 했다.

내가 선 대열은 군청 회의실로 배정받았다. 빨간 글씨로 국군이라고 쓴 완장도 하나 얻어 찼다. 저녁식사 후 군인 한 분과 시내도 나가 보았다. 다음날 오후 4시경 부대가 이동하기 시작했다. 대열 중앙에 연대장 지프차가 위치하고 그 앞 스리쿼터에 내가 타고 있었다. 일반 병사는 화물차로 이동했다. 서다 가다를 반복하며 아주 느리게 이동했다. 율촌을 지나 해룡에 이르니, 해가 지고 땅거미 어렴풋한 흐름 사이로 멀리 순천 시내 명멸하는 전깃불이 보이기 시작했다. 불현듯 집 생각이 났다. 차를 내려 연대장에게 집으로 가겠다고 하니 쾌히 승낙해 주었다. 집에 와보니 어머님이 나를 찾느라 시내에 가서 학생들 시체더미 속에서 시체 하나하나를 확인했다고 하였다.

농촌에는 신문이 우편으로 송달되었다. 집에 온 지 이틀 후쯤 신문을 받아보았다. 그날 나와 동행했던 12연대가 순천을 지나 학구역 부근을 통과하다 반란군의 매복에 걸려 연대장 이하 전멸했다는 뉴스였다.

6 · 25전쟁

토요일(6월 24일)에 신체검사 통지서를 받았다. 나는 징집 제1기생이었다. 다음날 일요일(6 · 25) 북한군이 3 · 8선 전역에서 남침을 감행했다는 뉴스를 접했다. 징병검사에서 폐결핵으로 병역 부적격 판정(병종)을 받았다. 두 살 아래인 동생은 징집되어 대구에 있는 육군본부 검찰과에서 복무하고 제대하였다.

우리 고장 반동분자로 지목되었던 세 사람 중 한 분은 뇌졸중으로 돌아가셨고, 한 분은 후퇴하는 북한군에 의해 내외분이 처형당했다. 어머님은 난리통에 집안이 다 무사한 것은 돌아가신 할아버지 할머니가 돌봐주신 덕분이라고 하셨다.

> 삶에서 가장 신비한 일은 지금 이 순간 우리가 살아 있다는 사실이다. 한 번 가버린 것은 다시 되돌아오지 않는다. 모든 순간은 생애 단 한 번의 시간이며, 모든 만남은 생애 단 한 번의 인연이다. 우리는 지금 살아 있다는 사실에 참으로 감사할 줄 알아야 한다. 언제 어디서 살든 한순간을 놓치지 말라. 그 순간이 생과 사의 갈림길이다.
>
> \- 법정스님 법문집 「一期一會」에서 인용

소 설

귀환선

"동무! 날래 일어나기요."

새벽잠에 곯아떨어진 인규의 옆구리를 사정없이 쿡쿡 찔렀다.

떨어지지 않는 눈을 비벼 실눈을 뜨고 보니 민간인 두 사람을 대동한 인민군이 장총을 손에 든 채 째려보고 있다.

"수차례 출두명령서를 보냈는데도 불응하니 동무 반동분자 아니요."

민간인 한 사람이 날카로운 말투로 쏘아붙였다.

"친척집에 다니러 갔다 왔을 뿐이요."

인규도 퉁명스럽게 대꾸했다.

"냉큼 입성 챙겨 입고 나오라요."

인민군이 밖으로 나가면서 명령조로 말했다.

의용군에 지원하라며 동(洞)인민위원회에서 수차례 출두명령서가 날아왔다. 인규는 이에 불응하고 친지 집을 전전하였으나 더이상 피신할 곳이 마땅찮아 어젯밤 늦게 이웃의 눈을 피해 성북동 하숙집으로 돌아왔었다. 어찌된 일인지 기다리고 있었다는 듯 이른 새벽 이들이 들이닥친 것이다. 올가미에 홀친 강아지처럼 체념할 수밖에 없었다. 끌려간 곳이 돈암초등학교였다. 8월 2일 새벽이다. 인규는 고향인 여수에서 중학교에 다니다가 서울경동중학교에 편입하여 6학년에 재학 중인 학생이었다.

1950년 6월 25일, 38선을 침범한 인민군은 3일 만에 서울을 점령하였다. 인규가 인민군을 처음 본 것은 6월 28일 10시경 성북구 삼선교에서였다. 미아리 쪽에서 시내로 들어오고 있었다. 황토색에 가까운 누르퉁퉁한 군복을 입은 병사들이었다. 그들은 기껏해야 인규 자기 또래 밖에 안 되어 보였다. 인규는 그때 19세였다. 키보다 길어 보이는 장총을 메었고, 가끔은 똬리 모양의 동그란 판이 달린 총을 멘 병사도 있었다. 사이사이 짐을 실은 달구지도 대열에 끼어 있다.

흙먼지에 찌든 그들은 무표정했고 무표정하게 걷고 있는 그들은 몹시 지쳐 있는 모습이었다. 살기가 번득이는 정복자의 모습이 아니라 영문도 모르고 그냥 이끌려가는 한 집단의 일원인 것 같았다. 그런 것으로 보아 전투를 치른 부대는 이미 지나갔고 이들은 그 뒤를 따르는 대열일지 모른다는 생각이 들었다. 인규가 생각하고 있던 빨갱이들하고는 너무나 거리가 있는 모습에 오히려 당혹스럽기까지 했다.

6월 28일 인민군 수중으로 넘어간 서울은 인민공화국 천지가 되었다. 동 단위까지 인민위원회가 조직되고 모병사업이 펼쳐졌다. 처음에는 의용군 지원자가 다수 있었으나 그 수가 점차 줄어들자 강제로 모병활동을 하게 되었다. 공짜 영화를 보여준다며 극장으로 모이게 해놓고 상영이 끝나자 몽땅 의용군으로 끌고 가는 등 강제동원의 양상이 점차 노골화되었다. 동인민위원회 직원들이 집집마다 다니며 의용군 적령자(17세~45세)의 지원을 독려하였다.

돈암초등학교에는 이미 끌려온 사람이 수십 명이나 웅성거리고 있었다. 그곳에서 팬티 바람으로 형식적인 신체검사를 받았다. 외견상 장애인만 아니면 무조건 합격이었다. 신체검사가 끝나고 도보로 안국동에 있는 교동초등학교로 갔다. 그곳에는 이천 명가량이 모여 있었다. 저녁때가 되어서야 주먹밥 하나씩을 주었다. 새벽에 끌려와 종일 굶은 상태였다.

밤이 되자 교정에 모여 50명 단위로 소대 편성을 하였다. 소대별 대열 앞뒤로 인민군 감시병이 한 명씩 배치되었다. 교문을 나와 어디론가 행진하였다. 사위는 칠흑같이 어두웠다. 미군의 공습이 심하여 철저히 등화관제를 하기 때문이다. 죽음 같은 고요 속에 발걸음 소리만 어지러이 들렸다. 어둠에 다소 익숙해지자 주위 건물이 어렴풋이 보이기 시작했다. 남대문을 지나고 있었다. 서울역으로 가는 것이 분명했다.

대기 중인 열차에 올랐다. 창문은 판자로 가려져 밖을 내다볼 수가 없었다. 앞뒤 출입문에는 총을 멘 경비병 두 명씩이 지키고 있다. 밤늦은 시간이 되어서야 열차가 움직이기 시작했다. 차안은 쥐 죽은 듯 고요했다. 생판 모르는 사람끼리 앉았으니 선뜻 말을 붙이기 어려웠다. 어둠 속에서 얼굴도 제대로 분간할 수 없으니 더욱 그러했다.

인규는 자다 말고 행장도 제대로 챙기지 못하고 끌려나온 긴장과 허기에 지쳐 이내 잠에 빠져들었다. 시간이 얼마쯤 지났을까 눈을 떠보니 열차는 터널에 정차해 있었다. 자세히 살펴보니 아침이 된 것 같았다. 저녁때가 되어서야 열차는 다시 움직이기 시작했다. 미군 공습을 피하여 낮에는 터널에 대피해 있다가 밤에만 운행하는 모양이었다.

밤새 달려 아침이 되니 창문의 널판자를 뜯고 바깥을 봐도 된다고 하였다. 창밖을 유심히 보니 열차는 38선을 지나 여현역을 지나고 있었다. 이북 땅에 들어온 것이다. 야간에만 운행하여 4일이 되던 날 열차는 대동강역에 멈추어 섰다. 철교가 미군 공습으로 파괴되어 소형기관차로 객차 4량씩만 달고 조심스럽게 건너야 하기 때문이었다.

우여곡절 끝에 열차가 평양역에 도착했다. 플랫폼에 내려서며 어리둥절했다. 여태 포로로 붙잡혀 끌려오는 기분이었는데 '남반부 의용군 환영'이란 플래카드를 내걸고 군악대까지 동원한 대대적인 환영식을 하는 것이다. 인민군 대좌계급장을 단 군인이 환영사를 했다.

"남반부 동무 여러분 오시느라 수고 많았습니다."

미국의 앞잡이 이승만 괴뢰정부 치하에서 얼마나 고생하였는가. 영용(英勇)한 우리 인민군대는 독재에 시달리는 남반부 인민들을 해방시키기 위하여 싸우고 있다. 민족의 지상과업인 조국통일을 앞당기기 위하여 통일전선에 열성적으로 참여한 남반부 청년 학생 동무 여러분을 열렬히 환영한다. 대략 그런 취지의 연설을 하였다.

이어서 우리 일행 중 연장자이며 한양대 조교수였다는 인사가 우물우물 답사를 하였다. 환영식이 끝나고 도보로 평양제일중학교로 갔다. 강당에서 전원이 하룻밤을 샜다. 아침에 주먹밥 두 개씩을 주었다. 하나는 아침식사이며 나머지 하나는 점심이니 수건에 싸서 허리춤에 차라고 하였다.

교정에 집합하여 인원점검을 마치고 어디론가 행군을 시작했다. 큰길 양쪽을 일렬종대로 걸었다. 북한의 길은 대부분 비포장도로였다. 그곳도 미군의 공습은 빈번했다. 비행기 소리가 들리면 재빨리 길 옆 도랑에 엎드렸다가 걷기를 반복했다.

밤이 되어서야 허름한 건물에 꽤 넓은 연병장이 있는 곳에 도착하였다. 강동야영훈련소라고 했다. 숙소가 배정되었다. 숙소라야 시멘트 바닥에 볏짚을 깔아 흡사 돼지우리 같았다. 이곳 훈련소에서 총검 훈련, 수류탄 투척 훈련, 포복 훈련 등 형식적인 군사 훈련과 사상교육을 받았다. 가끔 소련 군사영화도 보여주었다.

인규는 평소 비위가 약한 편이어서 식사에 어려움이 많았다. 잡곡밥에 반찬이라곤 따로 없고 소금국에 돼지기름 한두 점이 떠있었다. 배는 고픈데 그것이 목구멍으로 넘어가질 않았다. 옆 사람은 "동무 아니 먹겠소?" 하고는 인규 몫까지 순식간에 먹어치웠다.

한두 끼도 아니고 이러다간 굶어 죽겠구나 하는 생각이 들었다. 궁리 끝에 훈련소 부근 민가를 찾았다. 가지고 있던 시계와 만년필을 맡기면서 매일 한 번씩 올 터이니 집에 있는 강엿을 먹을 만치 씩 달라고 하였다. 북한 농가에는 집집마다 잡곡으로 엿을 만들어 먹고 있었다. 한동안 그것으로 곡기(穀氣)를 유지했다.

그것도 오래 가지는 못했다. 한 2주쯤 지났을까 더 이상 엿을 줄 수가 없다고 하였다. 집에 있는 엿이 다 떨어졌을 뿐 아니라 맡긴 물건 값만큼의 엿을 충분히 주었다는 것이다. 그들이 세이코 시계나 파카 만년필 값을 알 까닭이 없고 엿이 훨씬 유용하다고 생각할 터이니 무리가 아니라고 체념했다.

훈련 나갈 때마다 볼 수 있는 고추밭에 주렁주렁 달린 풋고추가 먹음직스럽게 보였다. 그것을 슬금슬금 호주머니에 따 넣었다가 식사 때마다 먹으니 식사를 조금씩 할 수 있었다. 더러는 마늘도 뽑아다 곁들었다. 한결 식욕이 생겼다.

2주가 지나면서 각 군의 좌급(佐級-우리의 領級) 장교가 와서 몇 백 명씩 선발하여 갔다. 하루는 해군으로 100명을 선발하게 되었다. 인규는 수영이 특기여서 은근히 기대를 걸었다. 바다로 가기만 하면 탈출할 기회가 있을 것이라고 생각하였기 때문이다. 그러나 마지막 선발에서 탈락되고 말았다. 그동안 먹지 못하고 고통에 시달려 창백하고 앙상한 몰골이 너무나 쇠약해 보였던 탓이라고 생각했다.

인규가 집에서 끌려나올 때는 8월 초여서 반바지에 남방셔츠 차림이었다. 훈련 한답시고 땅바닥에 비벼댄 바람에 반바지 엉덩이에는 구멍이 나고 팬티까지 헤어져 속살이 보일 지경이 되었다. 9월에 접어든 어느 날 군복이 지급되었다. 여름옷이었다. 농구화와 삼베로 된 발싸개도 나왔다. 알고 보니 다음날 진남포로 이동할 대원에게 지급되는 것이었다.

이튿날 군복차림의 300명쯤 되는 대원이 연병장에 정렬했다. 평양의 보위부를 거쳐 진남포까지 도보로 행군한다고 하였다. 낮에는 야산에서 자고 밤에만 행군하였다. 행군 중 식사는 국도에 가까운 마을에서 하였다. 한 집에 20~30명씩 분산하여 들어가 식사를 하였다. 오래간만에 가정집 밥을 먹으니 생일을 맞은 기분이었다. 3일 만에 남포에 도착하였다. 시내가 아닌 산중이었다.

소속은 인민군 보병 제99연대 직속 자동총 중대였다. 대원들은 모두 62연발 다발총으로 무장하였다. 산속에 막사를 만들고 나뭇잎이나 풀을 베어다 깔고 잠을 잤다. 다음날부터 본격적인 훈련에 들어갔다. 수건으로 눈을 가리고 따발총의 분해조립을 반복하였다. 어떤 상황에서도 능숙하게 다룰 수 있도록 반복 훈련을 시켰다.

현역군인으로 편입되면서 식사의 질도 좋아지고 양도 적당하여 몸은 정상으로 회복되어 갔으나 정신적인 스트레스는 쌓여만 갔다. 소대장이 밤 12시만 되면 소대장실로 불러다 놓고 아버지가 여수시장 아니냐며 다그쳤다. 서울까지 올라와서 공부할 수 있는 것은 시장 아들쯤 되어야 가능한 일이라며 밤마다 괴롭혔다. 입대하자 그들은 자서전이라는 것을 쓰도록 했다. 출생에서부터 여태까지 생활해 온 과정을 빠짐없이 기술하도록 하는 것이다.

대부분 가난한 농민의 아들로 태나서…로부터 시작했다. 인규는 도시 출신이기 때문에 가난한 농민의 아들로 쓸 수는 없고 가난한 여수시청 청소부의 아들로 태어나서 고학으로 학교를 다녔다고 썼다. 그런데 소대장이 인규의 신상에 대해서 무슨 정보를 입수했는지 여수시장의 아들이라고 다그치며 밤마다 괴롭혔다.

인규는 끝까지 부인하며 아버지는 시청 청소부로 일하며, 신문배달 물지게로 물 길어 나르는 일 등을 하며 고학으로 학교 다녔다고 누누이 말해도 곧이듣지를 않고, 밤마다 계속되는 추궁은 견디기 힘들었다. 잘못하면 반동분자로 몰릴 수도 있다는 생각이 들어 끝까지 굴하지 않고 버티었다.

부대가 주둔해있는 곳이 남포시내가 내려다보이는 산중턱이기 때문에 매일 행해지는 미군 공습 광경을 구경할 수 있었다. 9시만 되면 항공모함에서 출발한 함재기가 수십 대씩 날아와 제련소에 기총소사를 했다. 약 30분 후 B29폭격기가 많은 양의 폭탄을 떨어트렸다. 그것이 그들의 일과였다. 정해진 시간에 규칙적으로 공습을 하니 당하는 쪽도 약간의 여유가 있을 것 같았다.

그 무렵 인규가 소속된 소대에 사병 한 사람이 배속되었다. 바깥소식을 알아보기 위해 그에게 접근하였다. 그는 인천에 상륙하여 서울 방향으로 진격하는 적군을 저지하기 위해 싸우다 낙오되어 평양 보위부를 거쳐 재배치된 것이라고 하였다. 교육 때마다 소대장은 부산과 경남 일부만을 남기고 남반부 대부분을 점령하였다면서 지도에다 붉은 표시를 하였다. 소대장도 정확한 전황을 모르고 있다는 생각이 들었다.

미군의 공습이 점점 심해지고 민가에서 라디오를 듣지 못하도록 모두 거두어들인다는 풍문이 파다했다. 국군이 38선을 넘어 전선이 날로 근접해 지고 있음을 짐작할 수 있었다. 9월 하순경 다시 이동 명령이 내렸다. 도보 행진으로 평양 시내를 들어갔다. 어둠이 깔려 민가에서 하룻밤을 자야 했다. 그러나 집집마다 대문에서 방문까지 모조리 못질을 하고 피난을 떠나 시내가 온통 비어 있었다.

다음날 새벽 평양 동쪽 20킬로 지점으로 이동하여 도로변 야산에 방어진지를 구축했다. 원산방면에서 진격해오는 적군을 막으려는 작전이었다. 그곳에서 이틀을 지낸 다음날, 이른 새벽에 비상이 걸렸다. 산 중턱에 부대원 전원이 집합하였다. 각 대대는 전방에 나가 있고 연대본부와 직할중대 병력 약 4백 명 정도 되는 인원이었다. 대좌인 연대장이 바위 위에 올라서서 지시를 하였다.

"위대한 수령! 김일성 장군의 지시에 따라 신의주를 향해 후퇴한다. 평지나 도로는 적군이 들어와 위험하니 산을 타고 후퇴하여야 한다. 보급품도 없으니 모든 것을 자체적으로 해결하여야 한다."

즉시 후퇴 행군이 시작되었다. 연대본부가 앞서고 직할중대가 뒤를 따랐다. 숲이 우거져 하늘이 보이지 않았다. 불안과 두려움의 긴 행렬이 유령처럼 어둠 속으로 빨려 들어가고 있었다.

처음에는 인원 점검을 자주 했으나 종일 끼니를 거른 채 걷기만 하니 허기에 피로가 겹쳐 저녁쯤에는 대열이 흐트러지고 질서가 없어졌다. 관성으로 지친 발을 옮기며 인규는 여러 가지 상념에 사로잡혔다.

38선이 터지자 친구들은 고향으로 걸어서 간다며 같이 가기를 원했다. 그러나 당숙은 난리통에 움직이다가 탈이라도 생기면 내가 무슨 면목으로 너의 부모를 볼 것이냐며 한사코 말렸다. 이처럼 인민군으로 끌려와 압록강을 향해 후퇴하고 있을 줄은 상상도 못한 일이었다. 이대로 가다 낯선 북쪽 땅 어느 산골짝에서 죽어간다 해도 누구 하나 알아줄 사람 없이 산짐승의 먹이가 되어 흔적마저 사라지고 말 것이 아닌가.

학교에도 좌익성향의 학생들이 없는 것은 아니었다. 그러나 인규는 그러한 것하고는 상관이 없었다. 객지에서 부모 생각하면서 공부에만 열중했을 뿐이다. 더욱이 조선인민공화국을 위해서 목숨 바칠 이유는 털끝만치도 없는 것이다. 생각이 여기까지 미치자 전신이 후들후들 떨렸다. 무언가 중대한 결심을 해야 한다는 조바심이 일어났다.

연대장이 후퇴 지시를 할 때 큰길이나 평지에는 적군이 있을 것이라고 하였다. 그로 미루어 보면 산줄기를 타고 내려가기만 하면 어디선가 국군을 만날 수 있을 것이란 생각이 들었다. 날이 어두워지면서 인규는 슬금슬금 대열에서 뒤처지기 시작했다. 능선을 오르던 대열이 왼쪽 산허리 길로 접어들었다. 이때다 싶어 반대쪽 숲속으로 재빨리 숨어들어 동태를 살폈다. 한참을 지나도 별 이상이 없었다. 30분 정도 있어도 전혀 사람이 지나가는 인기척이 없었다.

일단 대열에서 벗어나기는 했으나 막상 방향을 가늠할 수가 없었다. 여러 가지 생각에 잠겨 있는데 꽤 가까운 곳에서 낮은 목소리로 '아이고 배야 아이고 배야' 하는 신음소리가 들렸다. 숨을 죽이고 가만히 들어보니 귀에 익은 목소리 같았다. 서울에서부터 줄곧 같이 행동해온 차효권의 목소리가 틀림없었다. 그는 나보다 한 살 아래인 18세였다.

평소 그는 매사에 열성적이어서 공산당 열성당원인지 모른다는 생각을 하고 있었다. 망설이다가 조심스럽게 다가갔다.

"무슨 일이요."

극히 사무적인 말투로 물었다.

"배가 아파서 도저히 걸을 수가 없어요."

내가 다가가는 것을 알고 있었다는 듯 전혀 당황하는 기색 없이 말했다.

"배가 아픈 것이 아니라 몇 끼를 굶었으니 배가 고픈 거겠지."

"사실은 그런가 봐요. 기운도 빠지고 도저히 움직일 수가 없네요."

"나 같은 비당원이야 그렇다 치고, 가만히 보니 동무는 당의 열성분자인 것 같은데 그런 것쯤이야 참고 견뎌야 되는 것 아녜요."

그의 속내를 떠보기 위해서 일부러 인규는 비당원임을 드러내 보였다.

"그것은 형이 오해한 거요. 우리는 원래 평북 선천이 고향인데 부모님이 독실한 기독교 신자라 이북에서는 살 수가 없어서 가족이 월남하여 서울에서 살고 있어요. 그런 사실이 알려질까 봐 일부러 열성분자 행세를 할 수밖에 없었던 거요. 사실을 믿어주세요."

이야기를 듣는 순간 머릿속을 번개처럼 스쳐가는 것이 있었다.

그들은 모든 대원에게 자서전이라는 것을 쓰도록 했다. 모두가 다 가난한 노동자 농민의 자식으로 태어나 학교도 고학으로 다녔노라고 쓰고 있었다. 인규는 농촌 출신이 아니기 때문에 시청 청소부의 아들로 태어나 신문배달 물장수 등을 하면서 고학으로 학교를 다녔다고 썼었다. 그런데 한동안 밤마다 12시쯤 되면 소대장실로 불러내어 여수시장 아들이 아니냐고 다그치는 바람에 불안과 초조 속에서 방황한 적이 있었다. 이놈이 소대장한테 충성심을 보이려고 고자질한 것이 아닌가 하는 의구심이 생긴 것이다.

그러나 지금 그런 것을 따지고 있을 계제가 아니다. 용기를 내어 그의 의중을 물었다.

"오늘도 종일 굶었으나 앞으로의 사태가 더욱 암담하다. 나와 같이 탈출하여 집으로 갈 생각은 없느냐?"

"사실은 나도 그 생각을 하면서 대열에서 떨어져 나왔으나 엄두가 나지 않아 망설이고 있는 중인데, 형과 같이라면 무슨 일인들 못하겠어요. 용기백배입니다."

서로의 의중을 확인한 우리는 손을 맞잡고 굳은 결의로 성공을 다짐했다.

북으로 향하였으므로 내려오는 방향에서 왼쪽은 원산 쪽이고 오른쪽이 평양방향일거라고 생각했다. 그래서 가까운 평양 쪽으로 하산하기로 하였다. 따발총 한 자루는 숲속에 버렸다. 한 자루만 비상용으로 어깨에 메고 조심스럽게 하산했다.

밤새껏 걸어서 먼동이 틀 무렵 논밭이 있는 평지에 다다랐다. 멀지 않은 곳에 촌락이 보였다. 언덕 밑으로 자세를 나추고 다가가보니 대문에 종이로 된 태극기를 걸어 놓은 것이 보였다. 국군이 이

지역까지 해방시킨 것이 분명했다. 논두렁에서 일어나 걸어서 마을로 들어갔다. 마을 이곳저곳에서 개들이 요란하게 짖어댔다.

개짓는 소리에 흰 바지저고리를 입은 사람들이 하나 둘 모여들었다.

"거기 무슨 사람들이요?"

"우리는 나쁜 사람이 아니요."

큰소리로 외치며 그들에게 다가갔다.

"우리는 서울 사는 사람입니다. 강제로 의용군에 끌려와 이곳까지 왔는데 집으로 돌아가려고 합니다. 자수하려고 하니 안내해주셨으면 합니다."

우리의 처지와 자수의사를 분명하게 밝혔다.

"치안유지회 지부로 가야 하는데 5리쯤 걸어야 되요."

"대단히 감사합니다. 염치없는 부탁 하나만 더 드리겠습니다. 저희들이 꼬박 네 끼를 굶었습니다. 먹을 것을 좀 주셨으면 고맙겠습니다."

한 노파가 말없이 집안으로 들어갔다.

"이거라도 잡수시라요!"

노파가 잡곡에 팥이 많이 섞인 풀때죽 두 그릇을 가지고 와서 먹으라고 하였다. 이곳 식량사정이 좋지 않다는 것을 느꼈다.

식어빠진 죽이지만 감지덕지 하였다. 허겁지겁 먹어치웠다. 열아홉 평생 그렇게 맛있는 죽을 먹어본 적이 없는 것 같았다.

"늦기 전에 날래 가시자요."

40대쯤 되어 보이는 남자가 앞장을 섰다.

논길을 걸어 한참을 가니 아까보다 큰 마을이 나왔다. 어느 건물 앞으로 다가가니 "누구 얏!" 소리를 질렀다. 목총을 든 보초였다. '목총 든 놈이 따발총 든 놈한테 큰소리를 쳐' 속으로 생각하며 쓴웃음을 지었다. 식은 풀대죽이라도 얻어먹고 나니 어느 정도 긴장이 풀리고 마음의 여유도 좀 생긴 것 같다.

안으로 들어가니 10여 평 되는 공간에 5~6명의 젊은이들이 있었다. 그중 책임자로 보이는 사람에게 자초지종을 이야기하였다.

"순안에 있는 치안유지회 본부로 가야 하는데 오늘은 이곳에서 자고 내일 일찍 떠나도록 합시다."

매우 친절하게 대해주었다. 바로 붙어 있는 숙직실 같은 방으로 안내되었다. 방바닥이 알맞게 뜨끈뜨끈 했다. 실로 오래간만에 온돌방에서 잠다운 잠을 자게 되었다.

다음날 서너 시간쯤 걸어 순안에 도착했다. 전 보안서 건물에 순안치안유지회라는 간판이 걸려있었다. 총을 내놓고 바로 조사를 받았다.

"출생지."

"전라남도 여수시 관문동 45번지."

"성명."

"김인규."

"입대 연월일."

"1950년 9월 1일."

"소속부대는?"

"인민군 99연대 직할중대."

"출신학교."

"서울 경동중학교."

"엎드려뻗쳐."

취조하던 자가 갑자기 벌떡 일어서며 큰소리로 외쳤다.

"……."

영문을 몰라 어리둥절하고 있었다.

"바닥에 엎드리란 말이야."

독을 품은 앙칼진 목소리였다.

바닥에 엎드려뻗쳐를 했다. 벽에 걸려 있던 참나무 몽둥이로 사정없이 두들겨 팼다. 처음에는 묵묵히 맞았으나 나중에는 비명이 절로 나왔다. 이후에도 거짓말한다는 핑계로 엎드려뻗쳐를 하고 참나무 몽둥이로 여러 차례 두들겨 맞았다.

자기들은 이북치하에서도 몇 달 동안씩 산으로 피하면서 인민군에 안 갔는데 서울에서 여기까지 끌려오는 놈이 어디 있느냐며 두들겨 패며 괜한 화풀이를 하는 것이었다. 조사를 하다 책상 위에 있는 넓고 긴 가죽혁대로 머리를 마구 때리면서 머리 깍은 것을 탓하기도 하였다. 아프기도 하거니와 머리가 부어서 얼굴 모양이 이상하게 일그러져 괴물 같은 상으로 변했다.

그런 식으로 취조를 받으며 하루 종일 시달림을 받았다. 저녁때가 되어 취조를 끝내고 유치장 쪽으로 갔다.

"이 사람들은 유치장에 넣지 말고, 유치장 앞에 침구를 깔고 자도록 하시오."

유치장 당번한테 지시하였다.

"내일 인솔하고 갈 때까지 여기 있어요."

약간 부드러운 목소리로 말했다.

감방이 대여섯 칸 되는 것 같았다. 방마다 팬티 바람에 온몸이 피투성이가 된 사람들로 가득 차 있었다. 아마 그들은 공산당 치하에서 세도를 부리다가 갑작스런 국군의 진주로 붙잡혀 온 사람들인 것 같다. 본의 아니게 인민군에 입대하였다가 탈출한 우리에게 견디기 어려운 매질을 해대는 것으로 보아 그들에게는 오죽 했겠느냐 하는 생각이 들었다.

다음날 아침 취조실 간부가 왔다. 유치장 입구에 있는 창고 문을 열었다.

"인민군복 벗어던지고 여기서 아무거나 몸에 맞는 걸로 바꿔 입어."

명령조로 말했다. 팬티만 입고 유치장에 수감되어 있는 자들의 의복인 것 같았다. 아무거나 몸에 맞는 것으로 골라 입었다. 어제 취조 받은 조서에 지장을 찍고 순안치안위원장 명의의 '귀환증명서'를 교부받았다.

머리는 수건으로 싸매고 종이 태극기 하나씩을 손에 들었다. 길을 가다가 국군이나 유엔군 차량이 지나가면 무조건 태극기를 흔들어 환영의 의사를 표시하라고 일러주었다. 같이 탈출한 차효권의 이모가 평양에 살고 있다기에 기대에 부풀어 발길을 재촉하였다.

그러나 어제부터 굶은 데다 종일 장작몽둥이로 얻어맞아 심신이

지칠 대로 지쳐 마음대로 걸리지가 않았다. 한참을 가는데 국군 헌병이 민간인을 동원하여 파괴된 교량 복구 작업을 하고 있었다. 무심코 지나가는데 오라고 불렀다.

"지금 긴급 교량 복구 작업 중인데 저분들 하고 교대작업을 해주시오. 지나가는 사람이 있으면 바로 교대시켜줄 테니 수고 좀 하세요."

어쩔 수 없이 삽질을 하였으나 잘 될 턱이 없었다. 다행히 얼마 안 있어 나타난 행인에게 인계하고 나왔다.

기진맥진한 몸을 이끌고 큰길을 걸었다. 조금 가다보니 도로에서 멀지 않는 곳에 작은 마을이 보였다.

"마을에 들어가 먹을 것 좀 얻어먹고 가요."

차효권이 뒤따라오며 말했다.

"아직은 이곳 상황이 불확실하다. 무슨 봉변을 당할지 모르니 참고 걸어야 한다."

국군이 들어왔으나 우리는 확실한 민간인이 아니다. 세상이 갑자기 바뀌었다고는 하나 상대의 성향에 따라 무슨 봉변을 당할지 모르는 처지였다. 큰길에서도 인규는 항상 긴장을 풀 수가 없었다.

"이대로는 도저히 걸을 수가 없어. 죽을 때 죽더라도 물 한 모금이라도 마셔야 걸을 수 있겠어."

길가에 털썩 주저앉으며 차효권이 억지를 썼다. 그것은 인규도 같은 심정이었다. 그러나 지금 누가 적이고 누가 내 편인지 확실한 분간이 안서는 마당에 경솔한 행동을 했다가는 목숨을 잃을 수도 있는 형편이었다. 극구 말렸으나 차효권의 억지를 당해낼 수가 없었다.

그래도 농촌 인심이니 풀떼죽 한 사발이라도 얻어먹으려니 하는 기대감이 없지 않았다. 마을 입구에 이르자 양지바른 초가집 벽 쪽에 예닐곱 사람이 서 있었다.

"너희들 이리 와 봐."

그중 한 사람이 불렀다. 불안한 마음으로 다가가자 다짜고짜 머리에 두른 수건을 벗겼다.

"인민군 갔다 왔지?"

자초지종을 간단히 설명하고 순안치안유지회에서 발행한 귀환증명서까지 내어보였다.

"이것들 새끼줄로 당장 묶어."

젊은 사람들이 달려들어 팔을 뒤로 재치고 새끼줄로 꽁꽁 묶었다.

"이 놈들 반죽음이 되도록 혼을 내."

주먹으로 얼굴을 때리더니 몽둥이로 마구 때렸다. 한참을 맞고 있으니 옆에서 보고 있던 다른 아저씨가 말렸다.

"그만들 해라. 이애들이 무슨 죄가 있나."

"당장 이 마을에서 꺼져."

때리라고 지시한 사람이 소리를 질렀다. 고개를 숙이고 엉기적엉기적 걸어 나오는데 한 사람이 다가왔다.

"저 사람이 인민군이나 빨갱이들한테 원한이 많은 사람이요. 그 화풀이를 젊은이들한테 한 것이니 이해를 하시요."

미안한지 위로를 해주었다. 그러나 그들의 진짜 속내를 알 수가 없다. 어쩌면 김일성 수령님을 배반하고 인민군대를 탈출하는 반동분자에 대한 분노를 폭발시킨 것인지도 모를 일이었다. 국군이 설치고 다니는 판에 혹시라도 후한이 염려되어 우리의 감정을 누그러뜨리려고 간사스런 능청을 떠는 것이 아닌가 하는 생각도 들었다.

밥 얻으러 갔다가 찬물 한 모금 못 얻어먹고 실컷 두들겨 맞기만 했다. 억지를 쓰며 고집을 부린 차효권이 죽이고 싶도록 미웠다. 인규는 그의 얼굴에 일격을 가하고 말았다. 무거운 발걸음을 옮기고 있는데 미군을 태운 트럭 세 대가 지나갔다. 태극기를 요란하게 흔들었다. 그들이 지나가며 길가 도랑으로 무언가를 던졌다. 쫓아가 보니 먹던 통조림 깡통이었다. 약간의 찌꺼기가 남아 있었다. 큰길 양옆으로 갈라서서 미군이 버린 깡통찌꺼기를 주워 먹으며 걸었다. 아주 작은 분량이었으나 그것이라도 입맛을 다시게 되니 한결 나았다. 늦가을의 해는 짧았다. 그렇게 걸어 평양에 이르렀을 때는 이미 어둠이 깔린 밤이었다. 가로등마저 켜지지 않은 평양은 스산한 죽음의 도시 같았다. 차효권의 이모 집을 찾아가야 하는데 방향을 가늠하기가 어려웠다. 무턱대고 걷고 있는데 마침 두 사람이 이쪽으로 오고 있었다. 막 지내놓고 되돌아보며 "아저씨 선교리를 가려면 어느 쪽으로 가야합니까?"

"지금 가는 방향으로 곧장 가면 되요. 통행금지 시간이 6시인데 40분이나 지났으니 빨리 가시오."

"고맙습니다."

인사를 하고 돌아섰다.

"잠깐 너희들 좀 보자."

동행하던 또 한사람이 불러 세웠다. 그는 군복을 입었으나 계급장이나 명찰이 없는 전투복 차림이었다.

"왜 그러십니까."

인규는 두근거리는 가슴을 진정시키며 태연스럽게 대꾸했다.

"나 특무대 있는 사람인데 조사할 것 있으니 따라 와."

걸렸구나 싶어 아랫도리가 후들후들 떨렸다. 200미터쯤 가다 5층 건물 앞에 이르렀다.

"근무 중 이상 없음."

보초가 거수경례를 했다.

5층으로 올라갔다. 간부실이란 표찰이 붙은 방으로 들어갔다.

신문을 시작했다. 8월 2일 새벽에 집에서 자다가 붙잡혀 5일 만에 평양역에 도착하여 강동 야영훈련소에서 인민군에 편입된 경위를 사실대로 말하였다.

"나는 그때 적정을 탐지하기 위해 돈암동에 잠복하고 있었다. 8월 2일 붙잡힌 것이 틀림없다면 지원입대가 아닌 것이 확실하다. 너희들 고생 많이 했다."

순안에서처럼 참나무 몽둥이로 맞을 걱정을 했는데 그것은 한낱 기우였다. 마음이 한결 진정되었다.

"너희들 지금 통금시간이어서 이모 집을 찾아갈 수 없으니 나를 따라 오너라."

뒤따라가니 길 건너 3층 건물로 들어갔다. '대한통일청년단'이란 간판이 붙어있었다. 목총을 든 보초가 '앞에 총' 동작으로 인사를 하였다. 들어가니 청년 네댓 명이 있었다.

"이 사람들 여기서 자게 하시요. 내일 아침 데리러 오겠소."

그는 우리에게 시선을 한 번 주고는 그대로 나갔다.

밤 9시가 되자 단원들은 모두 집으로 돌아갔다. 인규와 차효권 두 사람만 남게 되었다.

다음날 특무대 간부는 오지 않았다.

"선결문제는 청년단에 입단하는 것이요. 가입을 하면 신분증하고 우리말과 영어로 병기된 청년단 완장이 나오니 그것을 차고 외출해야지 그렇지 않고 외출했다 붙잡히면 제주도 포로수용소로 가게 되요."

그동안 인규와 대화를 많이 나눈 대원 한 사람이 일러주었다.

다음날 아침 단장이 나오자마자 단장실로 들어갔다.

"선교리에 계신 이모네집도 찾아야하고 고향에도 가야 하는데 신분이 불확실하여 행동하기가 어렵습니다. 청년단원으로 입단시켜 주십시오. 여기 있는 동안 열심히 단장님을 보필하겠습니다."

"그것은 안 된다. 평양 시민도 아니고, 너희들을 언제 봤다고 신원 확인도 없이 입단을 시켜."

어려울 것이라고 예상은 했으나 매정하게 거절을 하니 암담했다. 그러나 살길은 이 길밖에 없다는 생각이 들었다. 인규는 바닥에 무릎을 꿇었다.

"제발 우리 좀 살려주세요. 단장님도 우리 또래 아들이나 조카가 있을 것 아닙니까. 단장님께서 거절하는 것은 우리더러 포로가 되든지 죽으라는 것과 다름없지 않습니까."

단장의 발목을 붙잡고 울면서 애원하였다. 얼굴이 눈물범벅이 되었다. 하소연하고 또 사정하였다.

"일단 입단은 시켜 주는데 사고 치지 말고 잘해야 돼."

묵묵히 앉아 있던 단장은 끈질긴 하소연에 지쳐서일까, 우리의 입단을 승낙 하였다. 고맙다며 땅바닥에 이마를 대며 몇 번이나 큰 절을 했다.

다음날 청년단 완장을 두르고 당당하게 거리를 나섰다. 머리에는 방한모를 빌려 썼다. 선교리 차효권의 이모 집을 찾아갔다. 뜻밖에 이모는 3년 전에 이사를 갔다고 했다. 어디로 갔는지도 모른다고 하였다. 인규와 차효권은 마지막 희망이 무너지는 것 같았다.

허탈한 마음으로 대동강변의 길을 따라 되돌아오던 중 허름한 대포집 앞에서 술을 마시고 막 나오던 국군과 마주쳤다.

"야! 이 새끼들 이리 와!"

대뜸 모자를 벗겼다.

"너희들 인민군 갔다 왔지"

대답도 하기 전에 다짜고짜 얼굴에 주먹부터 갈겼다. 그의 얼굴은 술기운으로 상기되어 있었다. 계속 맞고 있는데 옆에 있던 일등상사 한 사람이 "어지간히 때려." 하고 말렸다. 언뜻 들은 억양이 귀에 익은 전라도 고흥지방 말 같았다.

"아저씨 나도 전라도 사람입니다."

"그래! 어딘데?"

"여수입니다."

일부러 짙은 여수 억양으로 대답했다.

“그래! 반갑다. 14연대에 근무한 적이 있어 여수를 잘 안다.”

그는 손을 내밀어 나와 악수를 하였다.

“서성대지 말고 빨리 가거라.”

그는 부드러운 말씨로 우리를 보내주었다. 하마터면 그들에게 붙들려 포로수용소로 갈 뻔했으나 기적처럼 고향사람을 만나 구출되었다.

인규는 신앙 같은 것을 생각해본 적이 없다. 어려운 고비가 극적으로 풀릴 때면 어렸을 때 돌아가셔서 기억마저 희미한 어머니를 떠올리곤 했다. 어머니의 영혼이 돌봐 줄는지 모른다는 생각 때문이다. 오늘도 틀림없이 어머니가 돌봐준 것이라 믿었다. 그래서 발걸음에 힘이 생겼다. 뒤따라오던 차효권이 같이 가자며 종종걸음으로 따라온다.

그날 후로는 외부 출입을 삼갔다. 청년단 사무실 안에서만 생활하는 동안은 신상에 위험은 없었다. 먹는 것이 문제였다. 단원들은 집에서 출퇴근을 하며 도시락을 싸가지고 다녔다. 그러면서도 인규 일행의 먹는 문제에 대해서는 신경 써주는 사람이 없었다. 먹는 것에 대한 인심이 너무 각박하다고 느꼈다. 식량 사정이 그만큼 좋지 않을 것이란 생각을 인규는 미처 하지 못했었다. 식량이 배급제란 것은 더더욱 몰랐다.

삼층 건물 안을 둘러보니 3층에서는 살림을 한 흔적이 있다. 솥도 걸려있고 밥 해먹는 채비가 갖추어져 있었다. 샅샅이 뒤져보니 쌀은 한 톨도 없고 팥과 녹두가 조금 있다. 이것을 솥에 넣고 책꽂이에 있는 책을 뜯어 불을 땠다. 그것을 먹으며 연명을 했다.

하루는 단장이 헌병대에 호출당해 갔다 왔다. 노무자를 차출해 달라는 부탁을 받았다고 하였다. 신분은 군속이지만 보수는 없고 헌병대 지정 식당에서 세 끼 밥은 먹여주는 조건이라고 하였다. 인규는 세 끼 밥을 먹여준다는 말에 눈이 번쩍 띄었다. 인규와 차효권이 맨 먼저 지원을 했다. 6명 차출 인원에 두 사람이 끼게 되었다. 우선 먹는 문제가 해결된다니 그들로서는 그 이상 다행인 것이 없었다.

헌병대에서의 일이란 공산당 간부가 숨겨둔 귀중품을 수집하는 일이었다.

우선 시내 곳곳을 다니며 방문(榜文)을 붙였다. 공산당 간부들이 숨겨놓은 물품을 신고하면 그 물건 값의 30% 정도를 포상한다는 요지였다. 여기저기서 신고가 들어왔다. 우리는 헌병을 따라 다니며 트럭에 물건을 실어 나르는 일을 하였다. 물품 중에는 피아노, 카펫, 고무신, 운동화, 설탕포대 등 다양하다. 특히 설탕포대를 나르기가 힘들었다. 지하에 숨겨 두었기 때문에 습기가 차서 돌덩이처럼 굳어져 엄청나게 무거웠다.

일은 힘들었으나 한 가지 낙은 있었다. 그것은 밥 먹는 일이었다. 식탁은 장교석, 하사관석, 사병석, 군속석 등으로 나뉘어 있었다. 그러나 식사 내용은 차이가 없었다. 쌀밥에 쇠고기, 돼지고기, 양고기 등 평소 먹기 힘든 메뉴였다. 부식이 모자라면 촌락에 나가 눈에 보이는 것 아무거나 총을 쏘아 잡아 오면 되는 것 같았다.

인규는 그간 너무 굶주렸기 때문에 걸신들린 사람처럼 먹었다. 매일 먹어도 모자라는 느낌이었다. 눈치를 보아 사병들이 남긴 것을 슬쩍 갖다 먹곤 하였다. 제대로 된 밥을 먹으니 몸이 눈에 띄게 회복되어 가는 기분이었다. 그럭저럭 시간을 보내다보니 어느덧 11월 중순이 되었다.

그동안 헌병대에서 일을 하면서 그 사람들 하고도 어느 정도 의사소통을 할 수 있게 되었다. 서울로 가는 방도를 알아보았다. 특무대나 헌병대에서 발급하는 여행증명서가 있어야 움직일 수 있다고 한다. 정규 교통편은 없고 헌병대에서 귀중품을 실어 나르는 트럭에 편승하는 것이 유일한 방법이라고 하였다.

기회를 엿보다 선임하사를 조용히 만났다.

“숙부님이 서울에 살고 있는데 전쟁통에 안부가 궁금하니 갔다 올 수 있도록 여행증을 좀 만들어 주세요.”

헌병대에서는 나를 평양 사람으로 알고 있다. 평양청년단에서 추천되어 왔기 때문이다.

“그것은 내가 할 수 있는 문제가 아니야.”

그는 완곡하게 거절했다. 그러나 끈질기게 매달리며 간청했다.

얼마 뒤에 “증명사진을 가져와 봐요.”

드디어 상사의 마음이 움직인 것 같다. 그러나 인규 호주머니에는 땡전 한 푼이 없다. 그동안 작업하면서 어쩌다 수고했다며 한 켤레씩 주는 신발을 모아둔 것이 생각났다. 그것이 그가 가지고 있는 유일한 재화였다.

운동화와 고무신 한 켤레씩을 가지고 사진관으로 달려갔다. 사진관 아저씨가 웃으며 흔쾌히 증명사진을 찍어주었다. 이틀 후 드디어 여행증명서가 발급되었다. 상사는 현역병인 트럭 기사에게 지시까지 해주었다.

"이 두 사람은 헌병대 군속이니 돈 받지 말고 서울까지 태워다 줘라."

잠 한숨 못자고 뜬눈으로 밤을 새웠다. 그만큼 흥분하고 들떠 있었다.

다음날 어둠이 걷히지 않은 새벽, 군용트럭 화물 위에 올라 평양을 출발하였다. 그동안 평양시내에서 수집한 귀중품이 가득 실려 있는 트럭에는 인규 일행 말고도 장사꾼이라고 하는 두 사람이 더 있었다. 평양 서울간은 거리로 치면 하루 운행 거리였으나 고물트럭이 몇 번이고 고장이 나는 바람에 나흘째 되던 날 오후 4시경에야 홍제동 밖에 이르렀다.

"민간인은 더 이상 못가니 여기서 내리시오."

인규와 차효권은 차에서 내렸다. 마치 우주 탐험대가 지구에 귀환 하듯 벅찬 감격으로 서울 땅을 밟았다. 긴 악몽에서 깨어난 것 같았다. 그러나 쫓기는 사람처럼 마음이 초조하고 불안했다. 되도록 뒷길을 따라 달리다시피 하여 혜화동로터리에 이르렀다. 인규와 차효권은 서로의 주소를 교환하였다.

"고생은 많았으나 죽지 않고 서울 땅을 밟게 돼서 다행이다. 우리

다음에 꼭 다시 만나자."

"모든 것이 형 덕분이요. 다음에 연락해요."

두 사람은 악수를 하고 헤어졌다.

인규는 산등성을 타고 올라가다 서울 성곽을 넘어 한참 내려가니 저 아래 잡목 사이로 당숙(堂叔) 집이 보였다. 긴장이 풀리며 인규는 그 자리에서 쓰러지고 말았다. 얼마만의 시간이 지났을까 눈을 떠보니 캄캄한 밤이었다. 일어서려고 기를 써도 일어 설 수가 없었다. 포복하듯 기어서 산을 내려갔다.

가까스로 당숙집안으로 들어갔다.

"경자야!"

"경자야!"

인규는 6촌 여동생 이름을 불렀다. 한참 만에 숙모가 나왔다.

"누구를 찾으세요."

"인규입니다."

"누구라고요."

숙모는 좀체 인규를 알아보지 못했다. 평양에서 서울까지 오는 나흘 동안 거의 도랑물로 연명하였기 때문에 뼈만 앙상한 창백한 얼굴에 유치장에 수감되어 있는 헐렁한 죄수옷을 아무렇게나 주워 입었으니, 학생복을 단정히 입고 다니던 모습만을 보아온 당숙모는 얼른 알아보지 못한 것이 당연했을 것 같다.

며칠 간 쉬면서 몸을 추스른 후, 경동중학교에 가서 등록을 마치고 학생증을 교부받았다. 11월 말경이었다. 고향에 다녀오겠다고 하였더니 당숙이 십만 환을 주었다. 학생인 인규로서는 적지 않은 돈이었다. 사지에서 생환한 조카에 대한 배려인 것 같았다.

12월 2일. 아침 일찍 스포츠 가방에 책 한 권과 담요 한 장을 챙겨 넣고 영등포역으로 향했다. 서울은 수복이 되었으나 아직 정기 교통편이 없었다. 영등포역에서 출발하는 부산행 화물열차가 있다는 소식을 듣고 그 편을 이용하기로 한 것이다.

지붕 없는 화물차 짐짝 위에 올라탔다. 기차는 9시가 넘어서 서서히 움직이기 시작했다. 군용열차 운행이 우선이기 때문에 주요 역에서 대피하면서 운행하느라 3일 만에 부산에 도착했다. 여수행 여객터미널에서 가까운 곳에 여관을 잡았다. 짐을 푼 다음 종업원을 불렀다.

"내일 아침 8시 여수행 배표 한 장만 사다주세요."

"손님 걱정 마이소. 내일 여관에서 아침 먹고, 7시 반쯤에 나가도 얼마든지 살 수 있습니더."

종업원 말만 믿고 이튿날 아침 여유 있게 선착장에 나갔다. 매표소 창구에 '8시 여수행 표 매진'이란 조그마한 푯말이 놓여 있다. 그날따라 여수행 여객이 밀려 매진되었다고 한다. 난감했다. 대합실에 대책 없이 앉아 있는데 방송이 울렸다. 밀린 여수행 여객이 100여 명이나 되어 임시 선편을 추가로 배치하여 11시경 출항한다는 내용이었다.

11시 임시 선편에 승선하였다. 미군이 쓰던 연안 소해정(掃海艇)이었다. 객실도 없고 운항속도도 느렸다. 드디어 고향! 부모형제가 기다리는 집으로 가고 있다.

인규는 뱃머리에 올라 차디찬 쇠 로프를 붙잡고 떨어질 줄 몰랐다. 저 멀리 수평선너머 붉게 물든 저녁놀을 응시하고 있었다. 8월 2일 인민군에 붙들려 생각지도 못한 인민군대에 편입되어 평양 이북까지 갔다가 12월이 되어 고향으로 돌아가고 있다. 하마터면 인규 자신의 의지와는 상관없이 민족상잔의 와중에서 북녘 땅 어느 산야에서 쓰러져 흔적도 없이 사라질 뻔했다.

노을 진 서쪽 하늘에 한 무리의 기러기 떼가 줄지어 뒤늦은 귀소를 서두르고 있었다.

2.

발길이 머무는 곳에서

실(失), 영산(靈山)

고향(故鄕)!

그것은 영원한 그리움의 대상이요 삶(生)의 종착지라고 하였다. 귀소본능(歸巢本能)은 일부 동물의 본능이 아니라 우리 인간의 마음에도 깊숙이 자리 잡고, 면면이 이어 내려오고 있다. 본능적 정서인 것이다. 사람은 죽어서라도 고향에서 안식(安息)하기를 원한다.

지난 4월 초순, 고향을 방문할 일이 있었다. 영산과 봉화산에 임간(林間)도로가 개설되었다는 이야기가 있어 그곳을 답사해 보기로 하였다. 산전(山田)마을까지는 잘 포장되어 있었으나 그 후부터는 비포장이었다. 그러나 차가 통행하기에 크게 불편하지는 않았다.

봉화산 정상까지는 바로 정상 아래로 뚫린 임간(林間) 도로에서 5~6분을 걸어서 올라가야 했다.

정상에는 직경 약 4m, 높이 4m가량 되어 보이는 원형 구조물이 있었다. 그것은 주위의 돌을 쌓아 만든 것이었다. 설명문은 없었으나 옛 봉화대(烽火臺)를 복원한 것이 아닌가 생각되었다.

이곳에서 바라보는 바다 풍경은 장관이었다. 왼편에는 저 멀리 돌산(突山) 섬이 보이고 개도, 지리섬, 백야도가 연육교처럼 이어져 있었고 모래섬 아래화도, 웃화도가 정면에 위치하고 공징이 끝에서 지척인 적금리, 낭도에 이어 저 멀리 나로도(羅老島)가 아스라이 보인다. 평지에서 볼 때는 그렇게 여러 개로 보이는 섬들이 한눈에 들어오니 가히 한 폭의 아름다운 산수화 같았다. 임간도로가 개설되지 않았다면 생전에 이 황홀한 풍경을 감상할 기회는 없었을 것이다.

그러나 돌아오는 길은 왠지 허전하고 서글픈 마음마저 들었다. 그것은 마치 애지중지 혼자만이 간직하고 싶었던 비밀스러운 것을 송두리째 빼앗긴 기분 바로 그것이었다.

영산은 영산(影山), 이영산(二影山), 혹은 영산(靈山) 등 여러 설이 있으나 나는 영산(靈山)으로 부르고 싶다. 그것은 영산이나 봉화산은 단순한 산이 아니라 그 지역 주민들에게는 그 이상의 의미가 있기 때문이다. 영산은 어려서부터 눈만 뜨면 바라다 보이는 산이었으므로 우리는 영산과 더불어 자랐고 영산과 더불어 생활하였다.

모나지 않는 유연한 곡선으로 어우러진 덩치 큰 영산은 때로는 어머니의 품에 안기는 것 같은 포근함을 느끼게 하는가 하면 때로는 근엄한 아버지가 서 있는 것 같은 든든함을 느끼게 하였다. 영산은 신비스러운 산이요, 범(犯)해서는 안 되는, 어떤 의미에서는 신앙 같은 것이었다. 영산은 분명 고향 바로 그것이었다.

우리는 그 영산과 봉화산을 잃은 것이다. 나만이, 우리만이 간직하여야 할, 어머니의 젖가슴 같은 비밀스럽고 소중한 것을 만인에게 펼쳐 보인 아쉬움, 그런 것이 허전함과 서글픔으로 내 몸을 엄습한 것이다. 이제 영산은 더 이상 영산(靈山)이 아니었다. 차만 타면 아무나 몇 십 분이면 그 정상에 올라 갈 수 있는 곳이요, 큰길가의 평범한 땅일 따름이다. 그뿐이 아니다 머지않아 차량 배기가스, 쓰레기 공해에 시달려 병들어 갈 것이다.

세계의 석학들은 지난 1천 년간 인류사상 '최고의 사고'는 콜롬버스의 신대륙 발견을 꼽았다. 1492년 콜롬버스가 서인도 제도에 상륙함으로서 원주민 1천 6백만 명, 같은 숫자의 아프리카 흑인이 희생되었던 것으로 추산한다. 그들은 정복자의 잔학성에서 뿐 아니라 그들이 묻혀온 천연두, 홍역 등으로 죽었다. 새로운 전염병에 대한 면역이 전혀 없었던 것이다. 같은 역사적 사건도 보는 관점에 따라 크게 달라진다는 사실을 새삼 느끼게 한다.

옛 시인은 '강산은 의구(依舊)한데 옛 님은 간곳이 없다.'라고 읊었다. 이제 그 강산마저 잃는다면 우리의 고향은 어디에서 찾아야 한 것인지.

(1999. 4)

잃어버린 죽도

제철소가 생기기 전, 포항을 상징하는 것은 해병대와 송도해수욕장이었다. 송도해수욕장의 보드라운 은빛 모래사장은 여인의 살결을 연상케 할 만큼 아름다웠다. 한없이 펼쳐있는 솔밭은 짙은 눈썹처럼 백사장을 따라 길게 늘어서 있다. 수평선 너머 아스라이 보이는 섬과 육지 그 어느 것 하나 나무랄 데 없는 천혜의 조건을 갖춘 아름다운 풍광이었다.

세미나를 마치고 배정받은 숙소 6층에서 내려다보니 호텔은, 바로 그 아름다운 여인의 눈썹 한가운데를 잘라 버리고 그곳에 들어앉아 있었다. 그뿐이 아니었다. 송림 뒤쪽은 주택가가 형성되어 송림을 많이 훼손하였고 앞쪽 백사장에는 유흥업소가 줄 지어 들어서 있다. 송림 가운데에도 머리에 돋은 버짐처럼 군데군데 호텔이나 모텔이 들어서 있다.

저녁을 먹고 일행과 함께 백사장으로 나갔다. 시원한 바닷바람이 피부에 와 닿는가 했더니 곳이어 풍겨오는 야릇한 냄새가 역겹다. 건너편 제철소 굴뚝에서 하얀 연기인지 수증기인지를 연신 뿜어내고 있다. 백사장의 모래도 회색빛으로 변해 있었다. 해수욕장 개장 전이어서인지는 몰라도 모래사장에 줄지어 서 있는 유흥업소나 주점들도 입구 쪽을 제외하고는 불이 꺼져 있어 삭막하다. 그 아름답던 송도해수욕장은 병들어 시름시름 죽어가고 있었다.

평소 습관대로 호텔에서도 일찍 잠이 깨었다. 옆 사람이 깨지 않도록 살그머니 방을 나왔다. 시내 쪽을 향해 걸었다. 추억을 더듬어 어시장을 찾기 위해서다. 강가에 다리가 있었고 그곳에 어시장이 있었다. 싱싱한 해물을 파는 길가 좌판에 섞여 고래 고기를 파는 할머니가 있었다. 우리는 그 고래 고기가 신기해서 그것을 안주로 막걸리 잔을 들이키곤 하였다.

강가를 아무리 찾아보아도 그 다리가 보이지 않았다. 날이 밝아오자 왕래하는 사람이 많아졌다. 강변을 산책하는 노인에게 어시장을 물었다. 저 앞쪽이라고 가르쳐 주었다. 그곳이 죽도 어시장이었다. 그러나 내가 찾던 그 다리는 보이지 않는다. 몇 사람에게 물어보아도 모른다고만 한다. 생선을 파는 한 할머니를 붙들고 물어 보았다. 그 다리는 없어진 지가 오래 되었다고 한다. 그 다리는 내가 생각한 것처럼 큰 강에 걸쳐 있던 다리가 아니라 어시장을 가로지른 샛강에 걸린 다리였다. 샛강 자체가 복개를 하여 없어진 것이다. 잔뜩 기대를 가지고 찾던 다리가 없어졌다니 허탈감마저 들었다. 다리 위에서 고래 고기를 팔던 그 할머니는 어떻게 되었을까.

평소 환경 운운하는 사람들은 부질없는 이상론자들이라고 생각했다. 그러나 이번 세미나에 참가하고 나서 생각이 많이 바뀌었다. 포항 시장 브리핑(시정 현황 책자)처럼 도로망이 확장되고 복지시설이 확충되며 백화점 등 생활 편의시설이 많이 들어섰다고 해서 시민들의 행복지수가 높아졌다고 말할 수는 없을 것 같다.

포항 시민이 피해자란 생각을 떨칠 수가 없는 것은 비록 죽어가고 있는 송도해수욕장만이 그 이유가 될 수 없을 것이란 생각이 든다.

우리는 물질만능, 과학만능의 패기 찬 오만에서 벗어나 여타 생명체들이 존속하는 한에서는 살아남을 수 있는 유한의 존재임을 깨달아야만 할 때가 오지 않았나 생각된다.

어떤 전적비

섬진강을 왼편에 끼고 19번 도로를 따라 화계장터 방향으로 달리다 보면 백운산 자락과 연결된 다리가 보인다. 그 지점에서 오른편 지리산 쪽을 바라보면 잡목 사이로 담쟁이덩굴에 겹겹이 둘려싸인 바위가 보인다. 1,300개 계단을 올라 그 바위 정수리의 상투꼭지를 뒤덮은 담쟁이덩굴을 헤쳐 보니 그것은 70센티미터 정도 높이의 학도병 전적비였다.

1950년 6월 25일 북한군이 남침해 오자, 학업을 중단하고 나라를 지키겠다고 나선 열혈 청소년들이 있었다. 그들이 이른바 '6·25전쟁 참전 학도병'이다. 중학교 2, 3학년이 주류를 이루었다. 무명지를 깨물어 혈서로 지원한 180여 명이 육군 제5사단 15연대 학도병 중대로 편성되었다. 이때가 1950년 7월 13일, 중대장과 소대장은 현역군인이었다.

전황(戰況)이 긴박하게 돌아가면서 50년 7월 21일 0시를 기해

전주를 사수하라는 육본의 작전명령이 떨어졌다. 즉각 전주를 향해 진격했다. 임실군 관촌에 이르렀을 때 전주가 이미 인민군 수중에 있다는 첩보를 입수했다. 다시 후퇴의 길에 올랐다. 진주를 목표로 행군을 시작했다. 25일 동이 틀 무렵 하동군 화개면 화개파출소 앞에 도착했다. 당시 파출소 주위에는 빨치산의 습격에 대비하기 위한 참호가 구축되어 있었다. 대원들은 이곳에서 잠시 휴식을 취하며 화개 면민이 제공해 주는 주먹밥을 먹게 되었다. 그 밥을 막 먹으려는 순간 박격포까지 동원된 집중사격을 받았다.

적은 방호산이 이끄는 인민군 정예 기갑부대라 했다. 작렬하는 포탄, 비 오듯 쏟아지는 총탄 속에서 제대로 훈련 한 번 받아보지 못한 학도병들은 용감하게 응전하였으나 대적하기에는 역부족이었다. 각자 탈출해 진주에서 집결하라는 중대장의 후퇴명령이 있었으나 퇴로가 없었다. 뒷산이 완전 민둥산이었기 때문이다.

여기에서 30여 명의 전사자가 생겼다. 전투가 휩쓸고 간 뒤, 널브러져 있는 시체들을 화개면 탑리에 거주하던 주민이 한곳에 모아 매장하였다고 한다. 그러나 이 전투의 희생자는 현재까지 정확한 집계마저 이루어져 있지 않고 있다. 당시 이를 매장했던 탑리 주민 손삼동(고인)씨 등이 34구 정도의 시신을 매장했다는 증언만 남아 있을 뿐이다.

강 건너 백운산 기슭에는 가장골(假裝谷)이라는 골짜기가 있다. 1894년 진주 하동 일대를 장악했던 동학 농민군이 하동군 옥종면 북방리 고승당산에서 일본군에게 패하자 섬진강을 건너 백운산으로 퇴각하려다 사살된 동학농민군의 시신을 주민들이 수습해 매장한 곳이다. 그 숫자도 이름도 모른다. 먼 훗날 이름도 몇 구(具)인지도 모를 학도병이 묻힌 이 언덕을 가장구(假裝丘)란 이름으로라도 전해져 그들을 기억할 수 있을까.

노고단(老姑壇)

지리산을 생각할 때면 6·25전쟁 직후, 그곳 빨치산 토벌에 참가했던 한 병사의 이야기를 잊을 수가 없다. 골짜기 수색작전을 펴던 중 묘령의 여인을 색출하였으나 그녀가 막무가내로 악을 쓰며 저항하는 바람에 결국 사살하고 말았다고 하였다. 십대 소녀로 하여금 생명을 구걸하지 않고 죽음을 택하게 만든 것은 과연 무엇을 의미하는 것일까.

노고단에 처음 오른 것은 향리에서 교직에 몸담고 있을 때였다. 3학년 졸업반을 인솔하고 화엄사 계곡을 따라 올랐다. 요즘은 등산로 정리가 잘 되어 중간에 포장도로도 있고 휴게소, 야영장도 생겼다. 그때는 빨치산 토벌 작전이 갓 끝난 시기여서 민간인 출입이 거의 없어 적막하다 못해 으스스한 기분마저 드는 산길이었다. 경사가 심하지 않은 길을 한참을 걸었다. 중재를 지나면서 돌과 바위로만 이루어진 너덜 길이 나타났다. 코가 땅에 닿을 정도의 경사라

하여 속칭 '코재'라고 하는 구간이다. 단풍나무를 비롯한 활엽수가 숲을 이루어 초가을의 따가운 햇살을 알맞게 가려 주었다.

주능선인 무넘이재까지 20리라고 하였으나 그렇게 힘들게 느껴지지 않았다. 그것은 왜정시대 노고단 산록에 있는 서양 선교사들의 별장까지 조선인 노무자들이 사람은 물론 무거운 피아노까지 운반하였다는 이야기를 들어서인지 모르겠다. 일본 사람들의 진주만 공격으로 2차 세계대전이 발발하자 선교사들은 그들의 고국으로 추방당하고 이곳 산장은 빈집들만 남아 있다.

그때가 시월 초순쯤 되었을까. 가을걷이 전으로 들판에는 벼가 그대로 있었고 우리의 복장은 반팔 차림이었다. 숨을 헐떡이며 무넘이재를 올라서니 관목 사이 반쯤 허물어진 돌담집이 여기저기 눈에 들어왔다. 벽은 반쯤 허물어졌으나 굴뚝만은 그대로 우뚝 서 있다. 황량한 광경을 보고 있으려니 '황성(荒城)옛터'란 옛 노래가 떠올랐다. 가까이 가보니 허물어진 벽은 가운데 10센티미터 정도의 공간을 둔 이중 돌담 벽으로 되어 있다. 우리의 온돌과는 달리 벽으로 화기를 통하게 하여 난방을 하는 '페치카'를 설치한 것 같다.

기록에 의하면 선교사들의 별장이 52개동이나 되었다고 한다. 조선 사람들은 일제 식민지 치하에서 보릿고개를 겪으며 초근목피로 목숨을 이어가고 있을 때, 바로 그들을 구원하기 위해 먼 이국땅까지 온 목자(牧者)들은 조선인들의 노동력을 이용하여 이곳에서 지상천국을 체험하고 있었던 셈이다. 성삼재 관통도로 개설로 환경파괴를 우려하는 소리가 높으나 노고단의 환경은 별장촌이 들어서면서 이미 훼손되었던 것이 아닌가 생각된다.

별장촌은 빨치산의 거점이 되는 것을 막기 위해 불태워졌다. 이때 노고단 일원의 울창한 수목들도 타버려 관목 종류만 앙상한 모습으로 남아 있다. 이곳저곳 폐허를 살피며 서성대고 있을 때, 갑자기 정상 쪽에서 구름이 빠른 속도로 움직이며 찬바람이 불기 시작했다. 갑작스럽게 기온이 내려가는 바람에 여름 옷차림으로서는 잠시도 있을 수가 없었다. 부랴부랴 행장을 챙겨 내려오고 말았다.

1박 2일 일정의 관광코스에 등반이 들어 있어 오래간만에 노고단을 오르게 되었다. 옛날 화엄사 계곡으로 오를 때와는 달리 그 반대 방향인 뱀사골을 버스로 거슬러 올라 성삼재 주차장에 차를 세우고 거기서부터 노고단을 올랐다. 시멘트로 포장된 넓은 도로는 옛날의 길이 아니었다. 정상부근에는 방송국송신소 건물이 위용을 과시하며 버티고 있다. 수많은 사람이 오르내리며 북적대는 광경은 어느 시장 바닥을 방불케 한다. 신라시대부터 면면히 이어오며 단을 쌓고 산신제를 지냈다는 민족의 영산(靈山) 노고단은 이미 영산이 아니었다. 수목이 우거져 옛 별장의 흔적들도 찾아보기 힘들었다.

지리산! 그곳은 골이 깊어 옛날부터 녹림호걸(錄林豪傑-도둑)들의 은거지이기도 했다. 임걸령은 의적(義賊)의 두목인 임걸(林傑)의 본거지였다 하여 붙여진 이름이며, 달궁(達宮)은 삼한시대 마한의 대군에 쫓기던 진한 왕이 문무백관을 거느리고 이곳 심원계곡에 피난을 와서 궁궐을 세우고 생활하였다 하여 붙여진 이름이다. 해방 후로는 14연대 반란 사건과 6·25전쟁을 겪으면서 빨치산의 근거지가 되어 피비린내 나는 동족상잔의 현장이 되었다. 천왕봉 기슭, 경남 사천군 시천면 중산리에는 '지리산 빨치산 토벌 전시관'이 있어 그 시절의 처참했던 현장을 전시하고 있다.

오늘날 지리산 국립공원은 관통 도로가 생겨 힘 들이지 않고 정상까지도 오를 수 있게 되었다. 지리산은 이미 영산도 아니요 녹림호걸들의 은거지도 아니다. 치열했던 동족상잔의 흔적들은 우리의 기억으로부터 아스라이 사라져가고, 역사의 현장들은 무심한 관광객, 등산객들로 북새통을 이룬다. 지리산의 높고 낮은 봉우리와 골짜기를 피로 물들였던 젊은 원혼들은 이러한 광경을 보면서 어떤 심정으로 구천을 배회하고 있을까.

토인비는 역사는 '창조적 소수'에 의해 이끌린다고 하였다. 대중은 역사 발전의 틈바구니에서 항상 그들의 편의대로 이용당하고 희생되는 역할에서 벗어나지 못하는 피해자에 불과한 것이 아닐까. 삶보다 차라리 죽음을 택한 빨치산 소녀는 그의 생명의 대가로 과연 무엇을 얻었을까.

빨치산 토벌 전시관에 게시된 한 빨치산의 시 한 수가 눈에 들어왔다.

허공의 넋

바람이 스치는 소리
행여 님인가 놀라 깹니다

찾다 찾다 못 찾고 가버린 님
떠돌이 넋이 되어 남과 북을
오고 가며 나를 깨우고 갑니다
봉우리 봉우리들이 피에 물들고
골짜기마다 뒹굴던 님의 시체가
오랜 비바람에 씻기어 내리고
산천은 그때를 잊은 듯 말이 없어도
영원히 사라지지 않은 애절한
이야기들은 두고두고 겨레 가슴에 남을 겁니다
눈보라 때리고 모질게 춥던 어느 날 화약 냄새 자욱한
피 비린내나는 싸움터에서
눈 위에 쓰러진 나를 자기 체온으로
따뜻이 감싸주며 눈물 흘리던
그님은 지금 어느 곳에서 무엇을 생각하고 있을까
아.
춥고, 배고프고, 졸리고, 미치겠던 시절.

- 이영식, 「빨치산」 중에서

수목들의 낙원

복잡한 의정부 시내를 빠져 나와 포천 방향으로 15분쯤 가다 축석 검문소에서 우측으로 들어서면 그 길이 임업시험장 보존림이 있는 수목원(樹木園)으로 가는 길이다.

각종 음식점, 숙박업소가 즐비한 길을 따라 약 20분쯤 갔을까 갑자기 공기가 차가워지는 느낌과 함께 아름드리 전나무 가로수가 하늘을 찌르듯 줄서 있는 길로 들어섰다. 거기가 바로 임업시험장 수목원이다.

얼마 전에 '실! 영산'이란 글을 향우회지에 기고한 일이 있다. 우리 고장의 명산인 영산(靈山) 정상까지 자동차도로가 개설되었음을 한탄한 글이다. 시의원은 수천만 원의 예산을 따내어 길을 개설하였노라고 자못 자기의 업적으로 공치사(功致辭)까지 하였으나 나의 생각은 그것이 아니었다. 자동차 공해와 각종 위락시설로 인해 머지않아 명산으로서의 기능을 상실하게 될 것을 예견할 수 있었으니 그것이 아쉬웠다.

축석 검문소에서 광릉내 검문소까지의 관통 도로가 포장된 지도 그리 오래된 일이 아니다. 만약 이 도로를 비포장으로 그대로 두었으면 울창한 수목과 아름다운 전원 풍경을 그대로 유지할 수 있지 않을까. 수목원 입구에서부터 느낄 수 있는 신선하다 못해 싸늘한 느낌마저 주는 공기를 검문소 입구에서부터 내내 마시면서 수목원까지 갈 수 있었으면 얼마나 좋았을까 하는 안타까운 생각을 해본다.

지난 주 광릉수목원으로 야외 나들이를 하였다. 수목원은 생각보다도 울창한 숲이었다. 수목원도 휴식년제를 도입하여 주요 산림로(路)는 입산금지 표시가 되어 있고 극히 제한된 곳만 관람객에게 개방하고 있었다. 그러나 그 수많은 종류의 초목마다 명패가 붙어 있어 많은 자연 공부가 되었다. 글 쓰는 분들도 이곳에 자주 와서 자연을 접하고 그들과 친해져서 우리 주위에 흔해 빠진 풀과 나무들의 이름조차 몰라 '이름 모를 풀들'이라고 하지 말고 하나하나 그들 풀과 나무의 이름을 적시해주면 좋겠다는 생각을 했다. 그것이 지구상에 공생하는 그들을 이해하고 인정해 주는 최소한의 도리가 아닐까.

그곳은 수목들의 나라였다. 그곳에서는 시설이나 모든 것들이 수목들을 위하여 존재하고 있었다. 그곳에서 일하는 사람들은 수목들이 벌어들인 돈으로 월급 받고 생활하며 수목들을 위하여 일하고 있다.

수목나라의 제왕은 단연 제왕잣나무였다. 어깨, 팔, 다리 할 것 없이 인디언 복장처럼 장식물을 늘어뜨리고 웅장하게 버티고 서 있는 모습은 먼데서 보아도 금세 제왕임을 알아차릴 수 있을 정도로 위풍이 당당했다.

제왕을 호위하고 질서를 지키는 병정나무는 잣나무였다. 수목원 진입로에서부터 아름드리 잣나무는 하늘은 찌르는 당당한 모습으로 길 양편에 도열하여 방문객을 인도하고 있었다. 방문객들은 진입로에서부터 그 위용에 압도되어 숙연해지고 스스로 다소곳해졌다. 수목원의 풀과 나무들은 제왕나무의 탁월한 통치력과 병정나무들의 헌신적인 호위와 비옥한 땅, 오염되지 않은 공기를 마시며 평화롭고 행복한 생활을 하는 것 같았다.

오늘 문우회의 야외 행사에 참여한 것은 참 잘한 일이라고 생각되었다. 수목들의 나라에 들어와 그 수목들의 살아가는 참 모습을 살필 수 있었던 것도 그렇고 강의실에서와는 달리 회원들의 면면들을 가까이서 접할 수 있었던 것도 그렇다. 그분들은 살아온 연륜과 오랜 창작생활의 경륜이 승화되어 각자 개성이 뚜렷한 나름대로의 영역을 구축한 분들로 여겨졌다.

노루목

88번국도, 영월IC에서 태백 방향 28번 국도로 접어드니 산세가 완연히 바뀌었다. 험준한 준령 사이 협곡을 흐르는 동강을 따라 아스라하게 깎아지른 산중턱으로 난 도로에는 제대로 된 방호턱 하나 없다. 까딱 했다가는 낭떠러지에 굴러 저 아래 동강으로 곤두박질 칠 것 같아 오금이 저리다.

동강 기슭의 88국도를 벗어나 지류인 옥동천 쪽으로 접어드니 대야교가 나타났다. 여기서부터 김삿갓의 영지(領地)인 듯 다리 입구에 감삿갓이 서서 손을 맞이한다. 천하 주유를 접은 지가 백여 년(1863년 졸)이 흘렀건만 아직도 그 한이 풀리지 않는 것일까. 여전히 죽장에 삿갓을 쓴 채 서서 손을 맞이하고 있다. 이발소, 방앗간, 구멍가게, 복덕방, 펜션 할 것 없이 모두가 김삿갓 일색이다. 20분쯤 달리니 김삿갓 유적지는 우측으로 가라는 이정표가 보였다. '김삿갓 부동산 중계사무소'란 큰 간판을 끼고 우회전 하니 오른편 언덕에 시비가 있다. 다가가 보니 '죽장에 삿갓 쓰고'로 시작되는 김문응 작사인 '방랑시인 김삿갓'의 노래비였다. 나지막한 고개를 넘으니 김삿갓 계곡이다. 한참 내려가니 실개천 어귀에 김삿갓 묘역이란 화살표가 있다. 개천을 따라 올라가니 길가 오른편에 '김삿갓 생애'라는 표제의 간판이 있다.

김삿갓의 본명은 김병연(1807~1863)이다. 선천방어사였던 조부 김익순이 홍경래의 난(1811년)때 투항한 죄로 능지처참 당하고 집안이 멸족의 위기에 처하자 노복(奴僕)의 구원을 받아 황해도 곡산(谷山) 오지로 피신, 숨어 살았다. 병연의 나이 5세 때였다. 후에 폐문(廢門)으로 형벌이 완화되자 곡산을 떠나 영월에 정착하게 된다. 그의 아버지는 화병으로 일찍 죽었다. 영월에서도 가장 외진 곳에서 생활 하면서도 반가(班家)의 기품과 안목을 갖춘 병연의 어머니는 자식들에게 글을 가르쳤다. 훗날 병연이 연월 도호부 과거(백일장)에 응시하여 장원급제를 하게 된다. 공교롭게도 그 시제가 '논산가산충절사 탄김익순죄통우천(論鄭嘉山忠節死 嘆金益淳罪通于天)'이었다. 정가산의 충절사를 논하고 김익순의 죄가 하늘에 닿음을 탄핵한다는 뜻이다. '홍경래의 난'이 일어나자 가산 군수 정시(鄭蓍)는 반란군과 용감하게 싸우다가 장열하게 전사한 사람이다. 장원을 한 그는 기쁜 마음으로 어머니에게 자랑삼아 말했다. 그러나 어머니는 기뻐하기는 커녕 눈물을 흘리며 그간 숨겨왔던 집안 내력을 말해 주었다. 그가 통렬히 비판했던 김익순이 바로 자기 조부임을 알게 된 것이다. 역적의 자손인데다 조부를 욕되게 한 죄인이라는 자책과 통한을 이기지 못하여 삿갓을 쓰고 방랑길에 오르게 되었다.

모든 희망을 버리고 전국을 유랑 걸식하며 수많은 시를 뿌려 놓은 난고(蘭皐) 김삿갓은 1863년 3월 29일 57세의 나이로 전라도 동북땅에서 세상을 떠나게 된다. 그의 시신은 3년 후 영월군 하동면(김삿갓면) 노루목에 안장하였다.

거문도(巨文島) 기행

아침 8시 정각 우리 일행을 태운 대모크라시 3호는 388석의 객석을 갖춘 대형 여객선의 위용을 과시하며 여수(麗水)항을 서서히 빠져 나갔다. 멀어져 가는 종고산(鐘鼓山)을 바라보며 시상에 젖는 낭만을 맛보기도 하였다. 여수항의 출구 격인 장군도(將軍島)를 빠져 나가자 하얀 포말(泡沫)의 궤적을 남기며 45노트(시속의 약 90킬로)의 속력으로 항진(航進)하기 시작했다.

다도해의 크고 작은 섬 사이를 지날 때만 해도 파도가 그리 높지 않았다. 선체가 약간 흔들리기는 하였으나 평상시에도 그 정도의 흔들림은 있으려니 할 정도였다. 약 50분을 지날 무렵부터 주위에 섬(島)이 보이지 않았다. 보이는 것은 오직 수평선뿐이었다. 이때부터 선체에 부딪히는 파도가 많아지고 선체의 요동도 점차 심해졌다.

문제는 초도(草島)를 지나면서부터였다. 저 멀리 태평양에서 밀려오는 굵은 파도가 선체의 좌현(左舷)을 사정없이 때리기 시작했다.

선체에 부딪치는 파도 때문에 객실의 유리창은 시야가 가려져 전방이 잘 보이지 않았다. 배의 동요도 심해졌다. 주위에는 섬 하나 보이지 않는 망망대해, 배도 일엽편주(一葉片舟)에 불과했다. 긴장한 탓인지 온몸에 땀이 흘렀다. 언젠가 읽은 '항공기 추락으로 일가족 몰살'이란 기사가 뇌리를 스쳐갔다. 따라오기 싫다는 마누라를 부부동반 여행인데 빠지면 안 된다며 굳이 동행한 것이 후회스러웠다. 초도와 거문도 사이는 지척인 줄 알았는데 가도가도 거문도는 나타나지 않았다. 얼마쯤 갔을까 유리창에 부딪친 파도가 흘러내린 틈사이로 전방에 검은 물체가 보였다가 사라졌다. 섬일지 모른다는 기대감으로 전방을 응시하고 있었더니 다시 물체가 나타났다. 섬이 분명했다. 마누라에게 이제 다 왔다고 안심시켰다. 섬에 가까이 왔는데도 파도는 여전히 심했다. 좌우로 산이 보이는 내항(內港)에 들어와서야 평온을 되찾을 수 있었다. 긴장을 푸니 온몸에 맥이 빠지고 땀이 흥건히 젖어 있었다.

마치 어머니의 품에 안긴 것 같았다. 내항과 외항이 이렇게 차이가 있을까. 거문도의 내항은 바다가 아닌 잔잔한 호수 같았다. 망망대해에 이렇게 아늑한 항구가 있다니 믿어지지가 않았다. 거문도는 태평양쪽에서 내륙(북쪽)을 향해 양팔을 쭉 뻗은 형국이었다. 왼팔이 서도(西島) 오른팔이 동도(東島), 가슴에 해당되는 곳에 고도(古島 거문도)가 위치하고 그 안이 거문도의 내항이다. 천혜의 양항(良港)이었다.

한때 5대양을 누비던 영국이 이 극동에 위치한 천혜의 양항을 놓칠 리가 없었다. 1885년 제주도 근해를 측량하던 영국함대가 거문도를 발견하고 불법 점거하였다. 그것은 남진하는 러시아 세력을 견제하려는 정치적 의도가 깔려 있었다. 그들은 병영(兵營)을 건조하고 포대를 구축하는 등 영구 점령을 꾀하였으나 러시아의 강력한 반대와 청국(淸國)의 거중 조정으로 1887년 3월 1일 2년여 만에 철수하였다. 그때 병사(病死), 익사(溺死), 총기 사고 등으로 죽은 영국 수병의 무덤 9기(基)중 3기가 이곳에 남아 있다.

거문도 관광의 백미(白眉)는 백도를 구경하는 것이다. 데모크라시 3호가 도착하자 '백도관관'이라고 선체에 크게 쓰여 있는 유람선이 대기하고 있었다. 그러나 풍랑(風浪)에 혼이 난 우리 일행은 갈 사람이 없었다. 그중에 세 사람이 이곳에 언제 또 오겠느냐며 목숨 건 관광길에 나섰다. 그 용감한 세 사람 중 한 사람으로 나도 끼었다. 그것은 한 가지 믿음이 있었기 때문이었다. 유람선 책임자가 출항을 하는 것은 안전에 그만한 자신이 있으니까 하는 것이겠지 설마 그들도 가족이 있을진대 죽을 각오로 출항하지는 않을 것이기 때문이다. 내항을 벗어나자 풍랑은 더 거세진 것 같았다. 맞바람을 타서인지 속도가 더 느린 것 같았다.

백도(白島)는 거문도에서 동쪽으로 28킬로 떨어진 해상에 39개의 무인군도(無人群島)로 형성되었으며 상백도와 하백도로 구분된다. 높고 낮은 기암괴석과 깎아지른 절벽 그 모습들이 변화무쌍하며 장엄한 선경(仙境)의 극치를 이루고 있었다. 매바위, 각시바위, 서방바위, 형제바위, 석불바위 등에 얽힌 전설이 가득하다.

태초에 옥황상제(玉皇大帝) 아들이 아버지의 노여움을 사서 귀양을 왔다. 그는 용왕의 딸과 눈이 맞아 바다에서 풍류를 즐기며 세월을 보냈다. 몇 년 후 아들이 몹시 보고 싶어진 옥황상제는 아들을 데리러 신하를 보냈으나 데리러간 신하들마저 매번 돌아오지 않자 그들을 돌로 변하게 하였는데 크고 작은 섬이 되어 백도가 되었다고 한다.

일설에는 섬이 많아 백개(百個) 정도라 하여 백도(百島)라 하였는데 자세히 세어보니 한 개가 모자라 일백백자에서 한일자를 빼고 보니 흰 백자 백도(白島)가 되었노라고 하며 또한 멀리서 보니 환상적으로 희게 보여 백도(白島)라고 하였다고도 한다.

이곳은 1979년 12월 10일 명승지 제7호로 지정된 관광지로 아열대 희귀 동식물의 서식 밀도가 높은 곳으로 가마우치, 휘파람새, 바다직박구리, 천연기념물인 흑비둘기 등 30여 종의 조류와 풍란, 쇠뜨기, 땅채송화 등 해양식물 43여 종이 서식하고 있다고 한다.

가는 날이 장날이라는 속담이 있다. 여수항을 떠날 때 제주도 근해에는 이미 태풍경보가 발효 중이었다. 초도를 벗어나면서 거센 풍랑을 만난 것도, 그 영향 때문이었다.

백도 구경을 마치고 돌아와 점심을 먹고 무료한 시간을 달랠 겸 우산을 받쳐 들고 마을 구경을 나갔다. 다방이 열 개나 있었다. 그 다음 많은 것이 슈퍼마켓, 여섯 개 정도 되는 것 같았다. 약방이 한 곳, 기타 술집, 여관. 민박집 등으로 되어있다. 여염집이라고는 별로 보이지 않는 이곳에 웬 다방이 이렇게 많을까! 처음에 의아한 생각이 들었다. 관광객이 많이 와서일까? 하고 생각했는데 그것이 아니었다. 항구에 늘어선 수많은 어선들을 보고는 금세 깨달을 수가 있었다. 주 고객은 저 고기잡이배에서 생활하는 선원들이었다. 그들은 주로 30대쯤 되는 젊은이들이다. 그래서 다방 종업원들은 20대 일색이었다. 그들 선원들의 일상생활 용품은 슈퍼마켓에서 공급하는 것이었다.

거문도는 여수와 제주도의 중간지점에 위치한 행정구역으로는 전라남도 여수시 삼산면 거문리이며 삼산면사무소 소재지로서 이곳에는 면사무소를 비롯하여 경찰지서, 우체국, 수협, 보건소, 초등학교 등의 공공기관이 있다. 통칭 거문도라고 할 때에는 거문리에 있는 고도와 서도, 동도를 합한 개념으로 말하는 것이 보통이다. 고도(거문리)와 서도간에는 연육교가 가설되어 도보 또는 차량 통행이 가능하나 동도는 선박으로만 왕래할 수 있다.

다음날도 비는 그치지 않고 바람도 여전히 거세었다. 비가 잠깐 개인 틈을 이용 등대 구경을 하기로 하였다. 우리 일행 16명이 가기 위해 봉고차 2대를 불렀다. 등대는 서도(西島) 수월산(水越山) 해발 173m 남단에 위치해 있었다. 차량운행 시간 8분 걸어서 가야 하는 시간이 왕복 1시간 정도 가는 길은 급경사 중턱에 만들어진 등산로 비슷한 길이었다. 동백나무, 후박나무, 거문도 벚나무, 등 고유 수종이 울창한 밀림지대를 형성, 등대까지 밀림으로 형성된 터널을 지나갔다. 해묵은 동백나무가 많았다. 얼마쯤 갔을까 막 산 허리를 도는 순간 시야가 확 트이고 하얀 건물과 쪽빛 바다, 망망대해가 눈앞에 펼쳐졌다. 와! 하고 탄성이 나왔다.

거문도 등대는 1906년(광무10년)에 설치되었으며 프랑스제 렌즈는 그 크기에 있어 우리나라 제일을 자랑하며 프리즘 렌즈로 촉광은 25마일까지 비친다고 한다. 자동 통신 시설을 갖추고 있어 안개 짙은 날에도 선박의 안전을 지킬 수 있는 동양 최대를 자랑하는 등대라고 한다.

거문도를 말할 때 당대의 거유(巨儒) 귤은(橘隱) 선생의 이야기를 빼놓을 수 없다. 왜냐하면 자칫 고기잡이 어부들만 사는 미개한 고장이라고만 생각할 수 있기 때문이다. 귤은 선생은 1814년 동도의 유촌리에서 태어나 학덕이 뛰어난 분으로 향리(鄕里)에 낙영재(樂英齋: 오늘날의 학교)를 세워 후진 양성에 힘쓰신 분이다. 영국 함대의 거문도 점거 사건을 거중 조정하기 위해 거문도에 온 청나라 수군제독 정여창(丁汝昌)이 선생의 제자들과 필담(筆談)을 나누었는데 그들의 뛰어난 학문에 감탄하여 삼도(三島)를 거문도(巨文島)로 명명해 줄 것을 조정에 건의하여 거문도라 부르게 되었다는 일화가 있다.

거문도는 평균 섭씨14도 강우량 1,400㎜로 적설이나 결빙현상이 거의 없는 온대해양성 기후이며 대부분 경사가 완만한 내해 쪽이 발달하여 촌락이 형성되어 있으나 외해 쪽은 경사가 급하여 사람의 손이 미치기 어려워 희귀 동식물이 비교적 잘 보존되어 있다. 어업의 전진 기지일 뿐 아니라 다도해 해상국립공원으로 지정되어 관광객과 낚시꾼 등 외지인의 왕래가 많다고 한다. 오는 길에 영국군 묘지를 찾았다. 그곳은 거문리의 최고봉인 화양봉(해발108m) 기슭에 있었다. 거문리 동구(洞口)에서 약 100m쯤 남서 방향으로 올라간 곳이었다. 의외로 초라한데 놀랐다. 잡초가 우거진 5~6평 되는 공간에 비석이 있고 병사들의 이름이 새겨져 있다.

거문도는 100년 전에 영국군이 점령하였던 곳으로 지금도 영국 대사가 부임하면 반드시 참배할 정도로 오늘날에도 영국 정부가 관심을 가지고 있는 곳이라고 한다. 그것은 사람들의 호기심을 자극하는데 큰 몫을 하였다. 그래서 영국군 묘지가 어디에 어떤 모습으로 있을까! 하는 것이 큰 관심사였던 것이다.

영국군의 거문도 점거(占據)! 그것은 우리에게 수치스러운 사건임이 분명하다 그러니 무슨 유적지나 되는 것처럼 우리들 스스로가 가꾸고 단장할 수는 없는 노릇이다. 그러나 관광객 유치를 위해서도 지방 자치단체 나름으로 우리가 교훈으로 삼아야 할 국치(國恥)의 흔적을 보존한다는 명분으로라도 묘역을 정비할 필요가 있지 않을까 하고 생각해 본다.

남한산성

신정(新正)인데도 남한산성으로 가는 길은 차량 행렬이 줄을 이었다. 거북이걸음으로 겨우 매표소를 지났다. 유일하게 찻집이 있는 산성호텔에 주차를 하고 그곳에서 잠깐 휴식을 취한 후 산행을 하려고 호텔을 찾았으나 호텔은 흔적도 없었다. 유적 탐사를 위하여 철거하였다는 안내 표시판만 달랑 서 있다.

부근에 주차를 하고 주위를 둘러보니 남쪽 기슭에 궁궐 같은 기와지붕이 보여 옛 유적지인가 싶어 찾아가 보았다. 그곳에는 한정식 간판이 걸려 있었다. 마을을 둘러보았으나 옛 흔적들은 찾아보기 힘들고 대궐 같은 유흥 음식점만 즐비하다. 사적(史蹟)은 보이지 않고 음식점이 산성을 메웠으니 주객이 전도된 느낌이다.

며칠 전 C문학 단체의 송년파티 참석차 오래간만에 이곳에 온 일이 있었다. 주위 환경이 옛날과 많이 다르다는 것을 느꼈으나 그때는 미처 돌아볼 겨를이 없었다. 방배동에 살 때만 해도 남한산성에 자주 갔었다. 한 달이면 두세 번 갔을 것이다. 갈 곳이 마땅찮아 술꾼들 몇만 모이면 으레 남한산성으로 향했다. 그때 모였던 방우회(方友會) 회원의 절반은 타 지역으로 이사를 하였으나 지금도 만나고 있다. 그때가 엊그제 같은데 벌써 십여 년의 세월이 흘렀다. 요즈음은 방우회 멤버들이 모여도 나이들을 먹어서인지 남한산성에 가자는 사람이 없다.

남문 쪽에서 성곽을 따라 올랐다. 가파르지 않아 등산로보다는 산책로라고 해야 맞을 것 같다. 서문을 지나 청량산 정상으로 오르니 수어장대(守禦將臺)가 보인다. 시야가 확 트이며 멀리 관악산, 남산타워, 북한산, 인산 방향으로 연봉이 이어진다. 과연 이곳이 도성을 방어하는 전략적 요충지임을 실감할 수 있었다.

남한산성은 삼국시대(三國時代) 백제의 고성(古城)이었다고 하나 우리가 관심을 갖는 것은 병자호란 때 겪은 치욕의 역시현장이기 때문이다.

인조 14년(1636) 후금(後金) 태종은 국호를 청(淸)으로 바꾸고, 조선은 왕자와 척화론(斥和論)을 주장하는 자들을 인질로 보내 사죄하지 않으면 공격하겠다고 위협하였으나 이를 거절하자 인조 14년 12월 1일, 십이만 대군으로 조선에 침입하였다. 이것이 병자호란이다.

22일 경도(京都)가 유린되고 조정 일부가 피신한 강화도마저 함락되자 인조는 산성을 출성(出城)할 것을 결심하게 된다. 이듬해 1월 30일 세자와 함께 서문으로 성을 나와 청 태종에게 세 번 절하고 아홉 번 머리를 조아리는 치욕의 삼배구고두례(三拜九叩頭禮)의 예를 갖추고 항복하게 되었다.

수어장대 이층 누각에 무망루(無妄樓)라는 편액(扁額)이 걸려있다. 그것은 병자호란 때 인조가 겪은 일은 잊지 말자는 뜻에서 영조(英祖)가 이름 지은 것이라고 안내판에 적혀 있다. 지금은 사람들이 보기 쉽도록 수어장대 옆에 세워 놓았다.

광해군이 왕 위에 있을 때는 명나라와 청나라에 대하여 양면 외교로 대처했기 때문에 별 탈이 없었다. 그러나 인조반정으로 세력을 잡은 서인들이 후금을 배척하고 명나라와 가깝게 하는 정책(親明排金: 화이론)을 취한 것이 화근이었다.

역사는 소수의 엘리트가 이끈다고 하였다. 그들의 판단에 민족의 명운이 달려있다고 할 것이다. 우리가 역사를 알아야 함은 우리는 역사의 관찰자이기 전에 역사적 존재이기 때문이다. 민족의 정통성을 올바른 방향으로 이어가야 할 책무가 있다고 할 것이다.

남한산성을 소개할 대표적인 테마가 무망루라는 생각이 든다. 그러나 안내 팸플릿을 살펴보니 어디에도 무망루에 대한 기록은 없다. 남한산성은 역사 유적인 문화재로서가 아니라 철저하게 영리위주로 운영되는 것이 아닌가 하는 강한 인상을 받았다. 산성의 곳곳에는 월담 방지를 위한 팻말이 보인다. 산성은 입장료를 내지 않고 무단 입장을 막는 울타리 역할을 하는 것에 불과한 것 같아 더욱 씁쓸한 웃음을 지울 수가 없었다.

모악산행

지난 5월 체우회에서 주관하는 산행에 동참하기로 하였다. 행선지가 모악산 금산사로 되어 있어 더욱 흥미를 끌었다.

넓은 주차장에는 이미 몇 대의 관광버스가 정차해 있었다. 두 대의 관광버스에서 내린 일행은 각자의 취향대로 무리지어 흩어졌다. 일행은 두 갈래로 나뉘었다. 산행을 할 사람과 안 할 사람이었다. 나는 처음부터 산행할 생각이었으므로 차에서 내려 바로 등산로를 찾았다.

그 길은 금산사로 가는 길이었다. 주위는 울창한 수목이 어우러져 터널을 이루고 있었다. 산뜻한 공기가 피부에 와 닿았다. 길가 도랑에는 맑은 물이 흐르고 조금 떨어진 계곡에서 들리는 물소리는 도심에서 찌든 묵은 때를 벗겨주는 듯 청량감을 한층 더 느끼게 한다. 그러나 한참을 가도 절은 보이지 않는다.

경사진 길을 얼마나 걸었을까 몸에 땀이 밸 무렵 '모악산 금산사'

란 현판이 걸린 일주문이 나타났다. 산으로 가는 길은 동쪽 담을 끼고 나 있었다. 절을 지나면서 길은 점차 가파르게 이어진다. 계곡을 따라 한참을 가니 계곡 절벽 위에 정자가 나타났다. 모악정(母岳亭)이란 현판이 보인다. 이곳으로부터 길은 계곡을 벗어나 산허리를 질러 능선으로 오르게 되어있다.

5월의 햇볕이 제법 따갑다. 계곡과는 달리 햇빛을 가려줄 나무 한 그루 없다. 능선은 깎아지른 듯 날카롭다. 지각변동으로 융기된 채 풍화작용의 영향을 제대로 받지 않은 유년기의 산세였다. 능선 모서리는 통나무로 계단이 만들어져 있다. 계단 양옆은 절벽에 가까운 급경사면이었다. 통나무 계단을 만들지 않았으면 능선 모서리는 발 디딜 틈도 없었을 것이란 생각을 했다.

따가운 햇볕을 받으며 계단을 오르기란 보통 일이 아니다. 점차 숨이 가빠지고 온몸은 땀범벅이 되었다. 지루하게 이어진 계단은 끝이 없다. 점차 맥박이 빨라지며 목이 달아오름을 느낀다. 목이 따갑고 가슴이 쓰리도록 숨이 찰 뿐 다리가 아프지 않은 것이 다행이었다. 추월해 간 일행은 보이지 않는다. 나는 애초에 그들을 따를 생각을 하지 않았다. 산행에서는 옆 사람을 의식하지 않고 오로지 자기 페이스(pace)를 지켜야 함을 알기 때문이다. 그들을 따르려 했다가는 절반도 못 가서 주저앉고 말았을 것이다. 얼마를 더 올라야 한다는 생각도 하지 말아야 한다. 뒤돌아보지도 않고 옆도 보지 않고 오로지 땅만 보고 걸을 뿐이다.

대부분의 산은 처음 능선을 오를 때 급경사였다가 거기를 오르고 나면 완만한 능선으로 이어지고 갈라진 다음 능선의 원 줄기에 오를 때 또 급경사가 이어진다. 그러나 이 산은 워낙 급하다 보니 그러한 완만한 구간이 별로 없다. 산 중턱에 세워진 철탑을 지나면서 키 큰 잡목들이 보이기 시작한다. 경사도 조금 완만해지고 그늘도 생겨 한숨 돌릴 수가 있었다. 그러나 그것도 잠시일 뿐 또 급경사가 나타났다. 마지막 경사였다. 소위 깔딱고개인 셈이다. 정상인 줄 알고 올라선 곳은 정상이 아닌 주능선이었다. 그곳에는 정상을 가리키는 이정표가 있었다. 그 오른편에 '모악산 중계소'가 있고 중계소 뒤편에 정상이 있다.

그동안 별로 산행을 못 했다. 아침 산행도 지난겨울 집을 옮긴 후로는 마땅한 곳이 없어 중단한 상태다. 그래서 모악산 등산은 자신이 없었다. 정상에 올라와서 780고지가 꽤 높은 산이라는 것을 실감했다. 모악산은 금산사 방면을 내모악, 동쪽의 구의 방면을 외모악으로 구분한다. 외모악은 비교적 산세가 완만하나 금산사 쪽은 급경사여서 주로 구의 방면으로 올라와 금산사 쪽으로 내려가는 코스를 택한다고 한다. 모악산에 대한 사전 지식 없이 금산사쪽 코스를 택하였으나 어렵게 정상을 정복하고 나니 자신감이 생겼다. 등산을 할 때는 겸허한 수도자의 자세로 산을 오른다. 체력의 한계를 극복하기 위하여서는 주위 일체를 초월한 무아지경에 이르러야 한다. 그리하여 발은 무의식적으로 옮겨간다.

내려오는 길에 아담한 소나무 밑에서 땀을 식혔다. 땀을 닦으며 유심히 보니 그 소나무가 예사 소나무가 아닌 것 같았다. 넓은 바위틈에 뿌리를 내린 소나무는 높이 3m가 채 안되어 보였다. 뿌리가 남북으로 나뉘어 바위틈을 찾아 뻗어 나갔다. 뿌리의 노출된 부분의 둘레가 7~8㎝는 되어 보인다. 이 정도의 뿌리를 가진 소나무라면 10m정도는 자랐어야 한다. 그런데 3m에서 그쳤다. 그뿐인가, 마치 둥근 밥상을 머리에 이고 있는 형상이다. 윗면이 평면을 이루고 있다. 자세히 살펴보니 원줄기가 맨 윗부분에서 동쪽 방향으로 90도 각도로 휘어있다. 반대 방향으로는 10㎝ 아래에서 뻗어난 가지가 균형을 이룬다. 새로 돋아나는 싹들은 태양을 바라보고 제멋대로 솟아난다. 그것들이 자라면서 스스로 방향을 옆으로 잡아 원반을 형성하는 것이다. 실로 경이로운 현상이 아닐 수 없다.

분재를 하는 사람들이 나무에 철사를 감아 의도하는 형태로 자라게 하는 것은 흔히 보는 일이다. 그러나 자연 그대로의 나무가 이처럼 정교하게 일정한 높이와 넓이를 이루고 있는 것은 아직 보지 못했다. 나무 스스로의 의지에 의해서가 아니면 이토록 정교한 형태를 이룰 수가 없다. 평지에 있는 소나무들처럼 아무 생각 없이 제멋대로 자랐다면 오래 전에 말라죽고 말았을 것이다. 위로 솟구치고 싶은 욕구를 억제하고 옆으로 뻗으려는 욕망을 접어 들여 피나는 노력으로 스스로를 다스렸기 때문에 척박한 바위 위에 이처럼 굳건한 생명을 부지할 수 있었던 것이다. 이 소나무야말로 철저한 절제와 극기의 표본이라 생각되었다. 그러고 보니 이 소나무는 아스라이 이어지는 연봉(蓮峰) 끝 어딘가를 응시하며 좌선(坐禪)을 하고 있는 수도자의 모습이다.

저 아래 금산사에 안치된 불상은 일종의 조형물에 불과하다. 그러나 이곳 바위 위에 앉아 있는 이 소나무야말로 살아있는 부처라는 생각이 들었다. 생불 앞에 선 자신이 한없이 초라한 존재로 느껴졌다. 아니 어쩌면 내 스스로의 자화상을 보는 것 같은 생각이 들었다.

긴 여정! 그것은 가혹하리만큼 스스로를 억압하고 통제하는 과정이었다. 어쩌면 생존을 위한 스스로에 대한 가혹한 투쟁이었을지 모른다. 그것은 고독하고 슬픈 여정이기도 했다. 내 삶의 밑바닥에 흐르는 질고(疾苦)의 물결이었다. 그 물결 위에 배를 띄우듯 슬픔의 타래를 풀어보고 푼… 그것이 내가 글을 쓰는 세계일지 모른다.

경건한 마음으로 생불 앞에 합장하고 경배를 했다. 큰 깨달음이라도 한 듯 내려오는 발걸음이 한결 가벼워졌다.

(2002. 5)

백담사

백담사 가는 셔틀버스 매표소에는 사람들이 길게 줄지어 서 있다. 요금 2천원이 비싸다며 투덜대는 사람도 있었다. 버스 세대를 보내고서야 차례가 되었다.

백담계곡은 깎아지른 듯한 협곡이 굽이굽이 이어지고 있다. 그 굽이마다 못(潭)이 이루어지고 못이 백 개 되는 지점에 절이 세워져 이를 백담사라 하였다니 그 골의 깊이를 가히 짐작할 만하다. 그 산 허리를 깎아 겨우 차 한 대가 지나갈 길을 틔운 것이다. 밑을 굽어보니 아득한 낭떠러지, 행여 굴러 떨어지지나 않을까 마음이 조마조마, 서행을 간절히 바라는 마음을 아는지 모르는지 버스는 구빗길을 돌때마다 기우뚱 기우뚱, 그러나 좁은 길을 용케도 잘 달린다. 눈 여겨 보니 운전기사 마음대로 속력을 늦출 수도 없게 되어 있다.

군데군데 만들어 놓은 차량 대피소가 교행 장소였다. 정해진 시간에 그곳에 도착하지 못하면 상대 차량이 그곳에서 그만큼 기다리게 된다. 그렇게 되면 8대의 셔틀버스 운행체계가 흔들리게 된다. 운전기사가 함부로 그 리듬을 바꿀 수가 없다. 긴장한 탓일까, 백담사 20리길이 꽤 멀게 느껴졌다. 요금이 비싸다고 불평하던 친구들도 그 돈은 받아야 되겠다면서 머리를 긁적긁적했다.

수심교(修心橋)를 지나 일주문에 이르니 정면으로 극락보전이 보이고 오른편으로 만해 흉상과 그의 시 '나룻배와 행인'이 새겨진 시비가 있고, 그 앞에 바로 만해 기념관이 있다. 기념관에는 『님의 침묵』의 초간본을 위시한 백여 종의 판본이 전시되어 있다.

일주문에서 왼편에 위치한 만해교육관은 120평 규모, 그곳에선 만해 시인학교와 불교사상 강좌를 개설하여 그의 시정신과 불교사상을 선양하고 있다. 경내를 둘러보면서 불전(佛殿)보다 만해와 관련된 시설이 더 많은 것을 느낀다. 이곳이야말로 만해사상의 산실임을 실감케 한다. 만해 한용운은 1879년 8월 29일 충청남도 홍성군 결성면 성곡리에서 출생, 속명은 유천(裕天), 법명은 용운(龍雲), 법호가 만해(萬海)다. 백담사는 만해가 처음 승려생활을 시작한 곳이며 『불교유신론』과 그의 대표시집 『님의 침묵』을 구상 집필한 곳이기도 하다.

만해교육관 왼편 끝자락에 화엄실(華嚴室)이라는 현판이 걸린 건물이 전두환 전 대통령이 귀양살이 했던 곳이다. 방안을 볼 수 있도록 문이 열려 있었다. 대여섯 평 남짓한 방에는 그때 사용했던 집기류가 그대로 있는데 장방형의 커다란 고무통이 특히 눈에 띄었다. 간이 욕조로 쓰인 것 같았다.

만해가 묵었던 거처도 화엄실이라는 설이 있다. 그렇다면 만해(萬海)와 일해(日海)는 어떤 인연일까. 만해 흉상 옆, 만해 시비의 시구가 연상되었다.

나룻배와 행인

나는 나룻배
당신은 행인
당신은 흙발로 나를 짓밟습니다
나는 당신을 안고 물을 건너갑니다
나는 당신을 안으면 깊으나 옅으나 급한 여울이나 건너갑니다

만일 당신이 아니오시면 나는 바람을 쐬고 눈비를 맞으며 밤에서 낮까지 당신을 기다립니다
당신은 물만 건너면 나를 돌아보지도 않고 가십니다 그려
그러나 당신이 언제든지 오실 줄만은 알아요
나는 당신을 기다리면서 날마다 낡아갑니다
나는 나룻배 당시는 행인.

기룬 것은 다 님이라고 하였다. 중생은 석가의 님이라고 하였다. 해 저문 벌판에서 돌아가는 길을 잃고 헤매는 어린 양이 기루어서 이 시를 쓴다고 하였다.(그의 시 「군말」에서) 일해는 님이요, 행인이요, 길을 잃은 어린 양인 셈이다. 그래서 안고 물을 건너야 할 '제도(濟度) 하여야 할' 당신이라고 해야 할까.

만해 정신이 서려있는 이곳, 백담사에서 일해는 유배생활을 통해 과연 무엇을 느끼고 깨달았을까.

덕숭산의 비밀

- 라홀라

새벽 5시, 너무 빠른 시간인 것 같아 망설이다 H에게 전화를 걸었다. 마침 그가 받는다. 특별한 일정이 없으면 등산복 차림으로 나오라고 하였다. 내부 순환도로를 거쳐 서해안 고속도로에 진입하였다. 어둠이 걷히지 않은 고속도로는 통행하는 차량이 많지 않다.

새벽공기를 가르며 거칠 것 없는 고속도로를 달리는 기분이 상쾌하다. 이 기분에 매료되어 가끔 새벽 드라이브를 하며 기분 전환을 하곤 했었다. 화성휴게소에서 간단히 아침 요기를 하였다. 날이 밝았는데도 안개가 걷히지 않는다. 해미 IC에서 국도로 나왔다.

가야산 자락을 돌아 옥계저수지 상류를 지나 덕숭산입구, 수덕사 주차장에 차를 세웠다. 일주문 문턱까지 무질서하게 늘어서 있던 상가들이 완전 철거된 것을 보니 진입로 정비 사업이 일단 끝난 것 같다.

경내 가람들이 한결같이 새로 지은 것들이어서 여느 절처럼 고색

창연한 정취를 느낄 수가 없다. 대웅전만이 옛 모습을 간직하고 있어 이 절이 백제시대에 창건되었다는 설을 뒷받침하고 있다.

대웅전 서쪽 계곡을 끼고 가파른 돌계단을 한참 오르니 절벽위에 고즈넉이 앉아 있는 소림초당이 정겹다. 그 바로 위에 만공선사가 세웠다는 보살상이 반긴다. 그 오른편에 지붕 높이까지 돌담에 둘러 싸인 낯설은 기와집이 있어 그곳 경관이 몹시 답답하게 느껴졌다.

서쪽 능선을 오르니 전면에 십 미터는 넘을 성싶은 석축이 성벽처럼 가로 막는다. 석축을 돌아 올라가 보니 연병장 같은 광활한 광장이 나타났다. 그 안쪽에 새로 지은 정혜사가 있다. 이곳은 수덕사의 위쪽에 위치하나 야트막한 능선 서쪽으로 비켜 선 정남향의 아담한 분지이다. 동서로 뻗은 능선이 좌청룡 우백호의 형국을 이루어 경관이 수려하고 아늑한 분위기였다. 그러나 산 중턱에 성벽 같은 석축을 쌓고 광활한 평지를 조성하여 옛 정취는 찾아볼 수 없다.

그 모퉁이를 돌아 조금 걸으니 견성암(見性庵)이 있었던 빈터가 나왔다. 14세 소년이던 일당스님이 난생처음 생모인 일엽스님을 만났던 곳이라 그 현장을 답사하려 하였으나 견성암은 없어지고 빈터만 남아 있다. 정상까지 오백 미터, 수덕사까지 2킬로미터라는 이정표가 있다. 어렵지 않게 정상에 오를 수 있었다. 북쪽에 들녘이 보이고 동쪽으로 멀리 보이는 높은 봉우리가 가야산, 서쪽이 오서산, 동남간에는 용봉산 등으로 둘러싸인 해발 495.2미터의 그리 높지 않은 산이다.

덕숭산을 찾은 것은 일당(日當)스님의 자전적 소설 「어머니 당신이 그립습니다」를 읽고 내용이 너무 충격적이어서 현장을 답사해 보고 싶은 충동이 일었기 때문이다. 그가 여류 시인이자 최고의 비구니 스님으로 추앙받았던 일엽(一葉)스님과 일본의 명문가 오다도켄(太田道灌: 東京, 新宿中央公園에 그의 동상이 있다)의 후손인 오다 세이죠(太田清藏)와의 사이에서 태어난 외아들이라고 기술하고 있기 때문이다.

황해도 신천군 신천읍 무정리에서 정미소 업을 하는 집안의 둘째 아들 송영업(宋永業)으로만 알고 자랐던 그가 이당 김은호(以堂 金殷鎬)에게 입양하게 되면서 친부모가 따로 있음을 알게 된다.

생후 14년 만에 처음 만난 어머니는 냉정하였다. "너는 절에 왔으니 절의 법도에 따라야 한다. 나를 어머니라 불러서는 안 되며 스님이라고 해야 한다."라고 하였다. 석가(釋迦)도 출가하기 전 아들이 있었다. 그의 이름이 '라흘라'였다. 그래서 불가에서는 수행에 방해가 되는 존재를 '라흘라'라고 한단다. 깨달음을 얻기 위해 정진중인 어머니에게 일당스님은 애물단지인 '라흘라'였던 것이다.

일주문 옆에는 수덕여관이 있다. 자유 연애론을 주장하던 나혜석이 말년에 친구인 일엽스님을 찾아 스님이 되려고 하였으나 만공스님이 받아 주지 않아 한동안 그곳에 머물러 있었으며 일당스님이 방학 때마다 수덕사를 찾았을 때 어머니 대신 따뜻하게 보살펴 주었다고 한다.

얼마 전에는 전직 대통령 YS에게 숨겨진 딸이 있다고 떠들더니 근래에는 DJ에게 숨겨진 딸이 있다고 도하 신문방송에서 떠들썩하다. 숨겨진 자식이 아들이 아니라 다 같이 딸이라는 것이 흥미롭다.

인간을 제외한 동물들은 발정기에만 교미를 할 수 있다고 한다. 그럴 때 그들의 행위는 종족보존을 위한 숭고한 의식이 아닐까. 한 번의 교미로 생을 마치는 수놈(雄)도 있다고 하니 더욱 그러한 생각이 든다.

개화기 서구식 교육과 그 문화를 접했던 일부 혜택 받은 여성들이 '여성해방론'과 '자유연애론'을 주장하며 그것을 실천이라도 하듯 스스로 방종한 행동을 하다 불행한 말년을 보내야만 했다. 그것은 인간의 종족 순수성을 유지하기 위해 얼마나 중요한가를 미처 깨닫지 못 한데서 온 것이 아닐까.

여성 순결의 문제는 사회문화적 측면에서 뿐이 아니라 생물학적 측면에서도 접근해야 될 과제가 아닐까.

수덕사를 찾아서

비련의 여인 김일엽이 입산수도 하는 곳. 그래서 수덕사는 세인의 관심을 끌었다. 특히 1935년 개벽지(開闢誌) 신년호에 '신여성에서 여승이 되기까지'가 발표되자 또 한 번 장안의 화제 거리가 되었다. 일엽의 회고록 「청춘을 불사르고(1962년)」는 일약 베스트셀러가 되어 판을 거듭해야만 했다. 내가 수덕사를 처음 찾은 것은 하엽선사(荷葉禪師, 일엽의 법명)가 입적한 다음해인 1972년도였다. 그 무렵 어느 산이나 마찬가지로 덕숭산도 벌거숭이였다. 무릎에 찰 정도의 관목(灌木)이 듬성듬성 있는 동쪽 능선을 따라 석불 있는 곳까지 올라간 기억이 새롭다. 제11회 수필문학 하계세미나 일정에 수덕사 탐방이 들어 있어 오랜만에 수덕사를 다시 찾아보게 되었다.

옛 추억을 되살리며 주차장을 올라서니 바로 저자거리가 형성되어 있었다. 건물들이 모두 새로 지은 것들이라 이 산중에 영화촬영을 위한 세트(set)가 아닌가 하는 착각을 일으킬 정도였다. 경내의 가람들도 새로 지은 건물들이 많아 고색창연(古色蒼然)한 분위기와는 사뭇 다르다.

그러한 중에서도 국보 49호인 대웅전(大雄殿)이 버티고 있어 이 절이 오래된 절이라는 것을 느낄 수가 있었다. 수덕사 대웅전은 부석사 무량수전(無量壽殿)과 함께 현존하는 최고의 목조건물이다. 1937년, 대웅전을 해체하여 수리하였다. 그때에 초창기에 그려진 수준 높은 벽화와 건립 년대를 적은 묵서명(墨書銘)이 발견되어 고려 충열왕 34년(1308년)에 건립되었다는 사실이 밝혀졌다.

서쪽 계곡을 따라 나있는 1,020계단을 올라가니 절벽 위에 석불(관음보살상)과 초당(草堂)이 나타났다. 석불은 1924년 만공대선사(滿空大禪師)가 설계, 자연 암벽을 깎아 조성해낸 입상이라고 한다.

석불을 지나 서쪽 능선을 올라서니 산 중턱에 평지가 나타났다. 덕숭산 주봉을 배경으로 좌우로 능선이 병풍처럼 둘러싸여 아늑하고 평화로운 기운이 감돈다. 덕숭산의 서기가 이곳으로 모이는 것이란 생각이 들었다. 그 중앙에 자리 잡은 정혜사(定慧寺)는 능선들에 포근히 감싸 안긴 것 같다. 정혜사는 수덕사와 함께 599년에 창건되었다고 하나 정확한 연원은 밝혀지지 않고 있다. 이곳은 고승 대덕들이 수련에 정진하였던 도량으로 1930년, 당시 조실(祖室: 선방에서 수행을 지도하는 선사)이었던 만공선사가 중수하여 가람을 재정비 하였다고 한다.

내려오는 길에 견성암(見性庵)과 환희대(歡喜臺)를 둘러보았다. 견성암은 선각자이신 만공선사께서 여성 활동시대의 도래를 예비하여

최초로 비구니 선원을 개설한 곳이며 여기서 길러진 인재들이 오늘날 한국불교의 동량이 되고 있다.

환희대(歡喜臺)는 일엽스님이 주석(駐錫: 스님이 한곳에 오래도록 머무는 일)을 하던 곳이다. 일엽(一葉)은 1896년생으로 이화여전을 나와 1920년 일본 유학까지 마친 그 시대 몇 안 되는 신여성이다. 그가 열두 살 나이(1907년)에 지었다는 「동생의 죽음」은 우리나라 국문시의 효시로 꼽고 있다.(최남선의 「해에게서 소년에게」보다 1년 앞선다) 그러나 유복한 유년기를 보낸 것은 아니다. 동생들이 하나하나 그의 곁을 떠나고 어머니가 돌아가시고 곧이어 기독교 목사이던 아버지마저 세상을 뜨니 천애 고아가 되었다. 뿐만 아니라 첫 결혼에 실패하고 방황하던 중 B라는 사람을 만나 열렬한 사랑을 하게 된다.

다음은 그 무렵 그의 심정은 털어 놓은 시다.

당신은 나에게 무엇이 되었삽기에
살아서 이 몸도 죽어서 이 혼까지도
그만 다 바치고 싶어질까요

보고 듣고 생각하는 온갖 좋은 것
모두 다 드려야만 하게 되옵니까?
내 것 네 것 가려질 길 없사옵고요
조건이니 대가가 따져질 새 어딧겠어요

혼마저 합쳐진 한 몸이건만
그래도 그래도

그지 없이 아쉬움
그저 남아요.

당신은 나에게 무엇이 되었삷기에?
1928년 4월

행복이란 노력만으로 되는 것이 아닌 것 같다. 그토록 사랑하던 B의 절교장을 받은 것이다. '인연이 다하여서 다시 뵈옵지 못 하겠기에….'라고 쓴 쪽지 한 장을 남기고 홀연히 종적을 감추고 말았다.

못 겨눌 사랑 불이
몸과 맘을 다 태우네
타고 남은 찬 재 남아
티끌마저 흩어지면
님을 향한 삼매불(三昧佛) 더욱 밝아
님의 앞을 비치리.

그의 독백대로 타락이냐 자살이냐의 기로에서 만공(滿空)스님의 설법에 감응하여 수덕사에 입산 세속의 연을 끊고 수도 생활에 정진하게 된다. 그로부터 13년이 된 어느 날 일엽의 건강이 좋지 않다는 소식을 들은 B의 호의어린 선심에 접하게 된다.

강산도 변한다는 10년 세월을 수행 생활(修行生活)을 하였으면 그 때쯤은 석불이라도 되어 있었을 법하건만 "아주 스러진 줄 알았던 당신에 대한 연정은 내 영(靈)속 비밀 감 밑에 숨어서 정신의 영양

소를 받아 건강하게 자라고 있었던 것입니다."라고 고백하며 지금이라도 허락만 하신다면 당신 곁으로 달려가겠노라고 하소연 하였다 한다.

그의 시구(詩句)처럼 B와의 사랑은 못 겨눌 불이었을지 모른다. B는 14세 때 출가한 스님이었다. 1925년 독일 벌쓰불룩 대학에서 철학박사 학위를 받았고 내무부장관, 동국대학교 총장을 역임하였다. 1962년 일체의 사회활동으로부터 은퇴한 후 경기도 부천시 소사 동량에서 후학양성에 힘쓰셨다.

그의 일상생활은 수도인 본연의 자세에서 한치의 어긋남이 없었으며 매일 새벽 인시(寅時: 3~5시)에 기상하여 목욕하고 정진하셨으며 정해진 공양시간에서 5분만 지나도 식사를 안 할 정도로 철저하셨다고 한다. 80이 넘은 나이에도 연탄불도 손수 갈아 넣고 빨래도 손수 하셨다. 수자들이 수발을 들려고 해도 한사코 거절하셨다. 평생을 부처님 시봉과 중생계도로 일관하다가 1981년 (음)8월 19일 열반하셨다. 이러한 분이 일시적이나마 사랑 놀음(?)에 빠졌다는 것이 의아스럽다. 일엽과의 관계를 속죄하는 마음에서 스스로에게 가혹하리만치 엄하였는지 모른다.

일엽은 B의 열반 10년 전인 1971년 1월 28일 수덕사 건성암 별실에서 세수 76, 법랍(法臘) 43세로 열반하였다. 열반했을 때 그의 입가에는 연꽃의 그윽한 미소가 담겨 있었다고 한다. 불타의 향기를 지닌 일엽선사의 현생은 고통을 환희로 맛본 값진 발자취였다 할 것이다.

그러나 불타의 길을 늦추더라도 당신의 곁으로 가고 싶다는 간절한 인간적 고뇌를 완전히 불사르고 각자(覺者)다운 안신입명(安身立命)의 선경(禪境)에 다다른 것인지는 일엽 그만이 알 수 있는 일이다.

환희대를 지키고 있는 나이 어린 비구니들은 일엽스님에 대해서 별 관심이 없었다. 일엽을 기리기 위해 어느 보살이 세웠다는 석탑만이 그가 기거하던 뜰 앞에 쓸쓸히 서 있을 뿐!

애(愛), 증(增) 그 모든 것이 지나고 나면 일장춘몽에 불과한 것을….

일주문을 벗어나니 사바세계는 번뇌의 바다였다. 중생들은 변함없이 팔고(八苦)의 늪에서 허우적대고 있었다.

남해 기행

사천 IC를 나오며 남해로 가는 연육교를 물었더니 대뜸 안내 쪽지를 내밀었다. 그곳에는 연육교로 가는 약도가 그려져 있었다. 연육교를 사천대교라고 명시하고 있다. 그러나 남해 분들은 그렇게 부르지를 않았다. 굳이 창선대교라 불렀다.

2003년 4월 28일, 충무공, 이순신 장군의 탄신일에 맞춰 개통된 창선삼천포대교는 사천, 남해지역 주민들의 오랜 숙원사업이었다. 희망과 축복 속에 개통은 되었으나 다리 명칭 문제, 버스 노선 문제, 차량 혼잡 문제 등 지역간 이해관계에 엉켜 갈등이 계속되고 있다고 한다.

다행히 명칭 문제는 시행청인 부산 지방국토관리청의 조정으로 '창선삼천포대교'로 결정되어 지난 7월 10일 현판 제막식을 가졌다고 한다.

사정이야 어떻든 연육교에 진입하니 그 경관이 장관이었다. 대교

자체가 세 개의 섬에 네 개의 다리로 이루어졌으나 그 다리의 모양이 각각 다르다. 다리 주위에 크고 작은 섬들이 산재해 한려해상국립공원의 면모를 십분 과시하고 있는 것 같다. 대교를 건너 7킬로쯤 지나니 또 하나의 다리가 기다리고 있었다. 그것이 원래의 창성대교였다.

창성면(島)과 남해 섬을 잇는 다리로 길이 483m 너비 14,5m나 되니 대교임이 분명하다. 본래 창선교가 있었으나 붕괴되고 1992년 현 대교로 재건하였다고 한다. 이곳은 원시적 고기잡이 시설인 죽방염이 유명하다. 이쪽은 창선면 지족리이고 다리 건너는 삼동면 지족리란다.

창선대교를 건너 비로소 남해 본섬에 진입하였다. 도로는 줄곧 해안선을 따라 이어진다. 굴곡이 심한 리아스식 해안은 그 앞의 섬들과 어우러져 남태평양의 어느 해변을 보는 것 같은 착각을 일으킨다. 휴게소 겸 민박집이 있어 들렀다. 차 한 잔을 마시며 시국 이야기를 슬그머니 꺼냈더니 "우리는 그런데 관심 없어요." 한다. 먹고살기도 바쁜데 그런데 신경 쓸 겨를이 어디 있느냐는 투다. 오후 1시가 되어서야 남해읍에 도착하였다. 미리 연락 해둔 동행한 아우의 친구와 점심을 같이 했다.

그를 통해 남해에 대한 많은 이야기를 들을 수 있었다.

창선삼천포대교 개통으로 오랜 숙원사업을 이룩하기는 하였으나 주말의 교통 대란, 쓰레기 천국에다 공기 오염, 대교까지만 운행하는 사천 남해의 대중교통 문제의 조정 등 조용했던 따뜻한 남쪽나라 남해는 풀어야 할 많은 난제들을 안고 있다.

남해 노량과 하동 노량 사이에 걸쳐 있는 남해대교를 통과하여 남해를 빠져나와 광양의 황교장을 만났다. 바닷가 그의 집 앞 노인정에 있었다. 그가 있는 노인정 정자를 올라가는 사다리 높이가 족히 2미터가 넘는 것 같다. 5~6명의 촌로들과 같이 있었다. 한편에선 바둑을 두고 한편에선 소주잔을 기울이며 술타령을 하고 있었다.

노인정 후정에서는 황교장 부인을 포함한 몇몇 여인들이 비지땀을 흘리며 '스쿳이'에 열중하고 있다. 유유자적(悠悠自適) 하는 그들의 모습이 좋아 보였다.

요즈음 느리게 살자는 운동이 벌어지고 있다. 느리게 산다는 것은 느슨하게 사는 것, 여백을 두고 사는 것 그리하여 옆도 보고, 뒤도 보고, 먼 곳도 보면서 살자는 것이다. 조바심이 나서 낚싯대를 붙잡고 앉아 있지를 못해 평생 낚시를 못해본 나도 이제 강태공의 흉내라도 내며 느리게 사는 연습을 해야 할 것 같다.

야쿠자의 나라

조간신문을 보다 시선이 멈추었다. '경찰 경호 받는 야쿠자 두목 취임식'이란 큰 제목에서였다. 조직 깡패라면 소탕의 대상으로만 여겨온 우리의 정서로는 얼른 납득하기 어려운 기사였기 때문이다.

일본 최대 폭력 조직 야마구치구미(山口組)의 2인자 시노다 겐이치(篠田建市)가 6대 두목에 취임했다. 이날 취임식이 열린 고베 총본부 주변에는 경찰관 60명이 주변 경비에 나서 주목을 끌었다는 요지의 기사였다.

세계에서 가장 치안이 안정되었다는 일본에서 백주에 폭력조직 두목의 이, 취임식이 벌어지고 단속해야 할 경찰이 경비를 서 주는 기이한 광경을 어떻게 이해하여야 할까. 우리의 상식으로는 이해하지 못할 일은 또 있었다. 금년 봄 일본 규수 지방을 여행한 일이 있다. 구마모토현 다마나시(玉名市)를 관광 중이었다. 시내를 관통하고 있는 크지 않은 내(繁根木川)를 따라 걷고 있었다. 이시누끼(石貫)

란 곳을 지날 때 길 모퉁이에 '하쓰미미용실'이란 간판이 걸린 건물이 있었다. 그 건물에 '복수를 한 곳 입구(仇討ちの地 入口)'라고 쓴 자연석 비석이 눈을 끌었다. 그 옆에 '150m ⇒'라는 화살표 안내표시까지 있다.

호기심에 현장을 가보았다. 고목이 우거진 그리 넓지 않은 공간에 일본최후구토지지(日本最後仇討之地)라고 한자를 횡으로 각인한 돌비석이 있었다. 그 옆에 세워진 안내판에 '일본에서 마지막으로 정식복수(正式仇討)'란 말이 흥미를 끈다. 폭력조직 내에서나 있을 법한 일이기 때문이다. 뿐만 아니라 그러한 사실을 시고구산(四國産)의 고급 석재를 사용하여 비석까지 세워 기념하고 후세까지 남기려는 의도는 무엇일까, 그것 또한 우리로서는 선뜻 이해하기 어려운 일이 아닐 수 없다.

일본에서는 12세기 갠빼이(源平)의 전란에서 승리한 미나모도노요리도모(源頼朝)가 가마쿠라 막부(鎌倉幕府)를 세운 이래, 근 칠백년간 막부정치가 이어졌다. 그 체제를 지탱한 것은 무사계급이었다. 그들은 긴 칼을 두 개씩이나 차고 다니며 무소불위의 권력을 휘둘렀다. 심지어 쵸닌(町人: 일반백성) 따위는 거슬리면 베어 죽여도 상관이 없었다. 이러한 무소불위의 권력은 여러 가지 폐단을 낳았고 스스로를 규제할 필요가 생겼다. 무사세계에서 자연발생적으로 생겨난 불문율의 규율이 무사도(武士道)라고 하였다. 쉽게 말하여 사무라이 정신이라고 이해할 수 있다.

무사도에서 강조되는 덕목은 의(義), 용(勇), 인(仁), 예(禮), 성

(誠), 명예(名), 충의(忠義) 등이라고 하였다. 할복(腹切-はらきり) 복수(仇討-かたきうち) 등, 그들만의 독특한 풍습은 명예, 충, 의, 용, 등의 사무라이정신이 응축된 행동이라고 할 수 있겠다. 그래서 주군(主君)이나 육친의 억울한 죽음에 대한 복수가 용인되었던 것 같다.

과거 칠백년 간 축적된 사무라이 정신이 일본 국민을 움직여 온 활동정신이요 강력한 추진력이었으며 현재에도 변함이 없다고 일부 일본 학자들은 말하고 있다.

* 참고문헌: 武士道. 니도배이나소新渡戸稲造 著

천안문 광장에 서서

역사는 밤에 이루어진다는 속설이 있다. 이 말은 모든 역사적 사건들이 은밀한 곳에서 음모와 술수에 의해서 이루어진다는 것을 강조하는 말인 것 같다. 그러나 이곳 천안문 광장에 서니 역사는 광장에서 이루어지는 것이란 강한 인상을 받게 되었다. 이곳이 저 유명한 천안문 사건의 바로 그 현장이기 때문일는지 모르겠다.

이곳 천안문 광장은 병들어 있는 거대 중국을 치유하려는 민중들이 체제와 맞서서 저항하여 세계의 이목을 집중시켰던 역사적인 장소이다. 천안문은 자금성의 남쪽 정문이며 명초(明初) 건립 당시에는 승천문(承天門)으로 불렸으나 1651년 청조(清朝)가 개축하면서 지금의 이름으로 바뀌었다. 천안문 광장은 여의도보다 7만 평방미터가 더 넓다고 한다. 천안문을 비롯한 주위의 거대 건축물에 둘러싸여서일까, 실제 면적에 비하여 엄청나게 넓다는 생각이 들지 않았다. 이 광장 남쪽에는 37미터 높이의 인민영웅 기념비가 있고 조금 떨어져서 모택동 기념탑이, 그 동쪽에는 역사박물관과 혁명박물관이 있다. 서쪽에는 인민대회당이 꽤 높은 계단 위에 그 위용을 과시하고 있다.

같은 사회주의 국가인 북한 풍경을 TV화면으로 볼 때면 거리에 별로 사람이 없어서 죽음의 도시 같다는 생각을 했는데, 이곳 중국에서는 가는 곳마다 사람들의 홍수다. 우리가 다니는 곳이 관광코스여서인지 각지에서 몰려든 관광인파들도 대단하다. 천안문 광장이 생각보다 넓지 않게 보이는 것은 그러한 인파로 뒤덮여 있는 것도 한 가지 이유인 것 같다. 그러나 그 인파 속으로 들어가 개개인을 살펴보면 외국인 관광객도 섞여 있고 그날이 일요일이어서인지 청색 유니폼의 군인들도 많이 눈에 띄었다. 홍안의 여군들도 있다. 그 여군들의 행동은 남자군인들보다 더 당당하고 활발해 보였다. 실질적인 남녀평등이 이루어져 있음을 느끼게 한다.

천안문 사건은 1976년 4월 5일, 시민들이 중공정권에 항거하여 폭력적 유혈사태를 일으킨 정치적 사건이었다. 4월 5일은 중국에 있어서 죽은 자를 기리는 청명절(清明節)이다. 마침 그해 1월에 사망한 주은래(周恩來)를 추모하기 위해 인민영웅기념비 주위에 몰려든 군중이 모택동과 강청 등, 이른바 문혁파(文革派)를 비난하는 시위로 시작되었다. 인민해방군이 이들에게 총부리를 들이댄 것이다. 이로 인하여 3천여 명의 사상자가 발생하는 참극을 빚었다. 이 사건으로 등소평이 배후 조종자로 몰려 실각되기도 하였다.

재미있는 일은, 뒤늦게 자본주의 맛을 보게 된 중국인들이 기왕의 자본주의 사람들 빰칠 정도로 돈벌이에 혈안이 되어있다는 점이다. 관광코스로 지정되어 가는 곳 어디에나 어마어마하게 넓은 상품 매장이 있었다. 심지어 식당에 들어갈 때는 교실보다 더 넓은 매장을 통하여서만 들어갈 수 있게 꾸며져 있다. 버스를 타는 곳 내리는 곳마다 냄새 맡고 날아드는 파리 떼처럼 잡상인이 달려들어 끈질기게 매달린다.

북경 의과대학 부속 병원이라는 곳으로 안내되었다. 한방 양방을 겸한 곳으로 세계적으로 유명한 병원이라며 가이드가 침이 마르도록 선전하였다. 수년 전 닉슨 전 대통령도 그곳에서 침으로 마취하고 수술을 받았다는 뉴스를 들은 기억이 있어 그 권위를 어느 정도 인정하고 있었으므로 기대 반 호기심 반의 심정으로 그곳에 도착하였다. 30명 정도가 앉을 수 있는 아담한 강의실 같은 곳으로 안내되었다. 그곳은 관광객 전용 공간으로 마련된 곳 같았다. 60대 가까이 보이는 한의사 두 분이 나왔다. 먼 곳에서 오신 관광객을 위하여 진맥을 하여 줄 터이니 희망자는 나오라는 것이다. 신농(神農) 시대로부터 수천 년의 전통을 자랑하는 한방 의학의 본 고장, 그것도 북경 대학병원의 명의로부터 진맥을 받는다는 것이 얼마나 다행스러운 일인가, 이곳까지 오기 위하여 쓴 경비가 아깝지 않다는 생각까지 하였다.

그런데 진맥을 하고 난 다음이 허망하였다. 열다섯 개 정도의 약명과 해당 병명이 적힌 종이 한 장씩을 주며 자기 병에 해당되는 약을 사면된다는 것이었다. 진맥은 약을 팔기 위한 형식적인 절차에 불과하였다. 세계적으로 명성이 있다는 북경 의과대학 의사들이 왜 그런 식으로 약장사를 해야 하는지 우리의 상식으로는 납득이 가지 아니하였다. 인솔자에게 물었더니 국가재정이 부실하여 의사들에게 충분한 대우를 못 해주니 그렇게 하는 것을 묵인하는 상태라고 하였다. 그러나 나의 느낌은 외화 벌이를 위하여 국가에서 장려하는 것 같았다.

잠자는 사자, 거대 중국이 긴 잠에서 깨어나 무언가 몸부림치고 있는 것만은 분명하다. 마르크스는 그의 변증법적 사회발전 이론에서 선행하는 한 사회가 후속하는 다른 한 사회로 발전하는 것은 반드시 계급투쟁을 통하여서만 이루어진다고 하였다. 시장경제를 지향하는 중국이, 공산주의 국가가 아닌 자본주의 경제 국가로 이행하는 과정에서 의회 민주주의 방식에 의하여 행하여질 것인지 아니면 제2의 천안문 사태 같은 폭력적 방법에 의하여 이루어질 것인지가 앞으로의 과제인 것 같다.

이 광활한 천안문 광장은 앞으로도 거대 중국의 역사 발전의 진원지로서 그 중심적 역할을 수행하여야 할 숙명적 과제를 안고 있다고 생각된다.

최후의 복수

일본 쿠마모토현의 타마나시 이시누키(玉名市 石貫)라는 곳에 일본 최후구토지지(日本最後仇討之地)라는 비석이 있다. 마지막으로 복수를 한 장소라는 뜻이다.

타마나시(玉名市)는 큐슈를 종단하고 있는 가고시마본선(線) 구마모토 역에서 한 정거장 거리에 있었다. 시골풍이 완연한 조용한 전원도시였다.

시내 중심을 흐르는 하내기가와(繁根木川)를 따라 올라가니 이시누끼 소학교가 있고, 연이어 우체국이 나왔다. 100미터쯤 더 가니 일본식 가정집 건물에 하쓰미(はつみ)미용실이란 간판이 걸려있다. 사거리의 모퉁이 집이었다. 건물 울타리 안쪽 귀퉁이에 가다키우찌노지(仇討の地) 입구라는 안내 입석이 있다. 그 높이가 사람 키 정도 된다. 측면에는 동쪽으로 150미터 거리에 있다고 새겨져 있다.

안내한 대로 모퉁이를 돌아 150미터쯤 가니 좌측 도로에 그 비석이 있었다. 꽤 넓은 경내는 우거진 숲으로 둘러 싸여있다. 일본에서 가장 좋다는 시고꾸산(四國産)의 녹니편암(綠泥片岩)으로 제작한 비석이라고 자랑하고 있다.

1861년 4월 6일 에도(江戶)의 호소가와번(細川藩-일종의 지방정부)에서 동료 무사(武士)에게 살해당한 남편(下田平八)의 원수를 갚기 위해 절치부심 기회를 엿보다 10년 만에 그 뜻을 이룬 사건을 기념하는 비석이었다.

동판에 새겨진 안내문에는 1871년 4월 16일 이곳 우쓰로기노다니(宇津露木谷)에서 당시 19세이던 아들이 일본도로 원수의 목을 치고, 아내는 남편의 유품인 단도로 목덜미를 찔렀다. 그 후 아내는 긴 세월 남편의 복수를 축원했던 맹관음당(盲觀音堂)이란 절에 보사탑(報謝塔)을 기증하였다고 한다.

짙게 깔린 먹구름이 대지를 짓누르고 있다. 길 건너 다마나 컨트리클럽의 넓은 초원에 사람의 그림자 하나 보이지 않는다. 으스스한 기분에 곧바로 그 숲을 빠져 나왔다.

일본최후의복수(日本最後仇討)라는 글귀가 거슬린다. 복수면 복수지 마지막 복수란 무슨 뜻일까. 일본에서는 가마꾸라막부(鎌倉幕府) 이래 복수(仇討)를 무가(武家)의 전통으로 여겨왔다. 복수는 주군(主君)을 위해 끝까지 충성을 다하는 무사도 정신의 표상으로 삼았다. 그렇기 때문에 이번 이시누끼 복수사건에 대해서 번부(藩府)에서 상이 내려지고 번적(藩籍)에서 삭제되었던 가명(家名)이 회복되었다고 한다.

이러한 일본의 전통적 풍습이 법으로 금지된 것은 막부(幕府)가 폐지되고 지방군벌이 지배하던 번(藩)이 중앙통치기관인 현(縣)으로 바뀌는 등 10세기를 이어오던 봉건적 무사정치가 폐지되고 절대주의 통일국가(天皇制의 확립)가 성립되면서부터라고 한다. 명치 6년 2월 5일 '복수 금지령'이 발포되었다. 따라서 그 2년 전에 발생한 이시누끼의 복수사건이 '일본 마지막 정식 복수(日本最後正式仇討)'라는 것이다. 어찌 되었건 이런 것들이 우리에게는 아주 낯설은 것들임에는 틀림없다.

남편이 시해당할 당시 아들이 9세였다. 그의 어미는 커서 반드시 아비의 원수를 갚아야 한다고 다짐하고 그에 대비해서 무술을 익히도록 하여 목적을 이룰 때까지 그것을 실천하였다고 한다. 이 점이 우리와 대조적이라는 생각이 든다.

우리의 어머니들은 '공부 열심히 해서 꼭 훌륭한 사람이 되어야 한다. 그래서 남들 보라하게 사는 것이 아버지의 한을 풀어드리는 것이고 효도하는 길이다' 아마 이렇게 하지 않았을까.

일본이 지리적으로 가까우면서도 멀게 느껴지는 것은 이러한 문화적 차이도 한 몫을 하지 않았을까 하는 생각을 해본다.

아! 유치(有治)

안개비가 내리고 있었다. 안개 낀 계곡 이곳저곳에서 원귀(冤鬼)들의 호곡(號哭)소리가 들리는 것 같았다. 그것은 이곳 가지산을 오르기 전 어느 촌로의 이야기를 들어서일는지 모른다. 6·25전쟁이 나고 인민군 치하에서 수복이 되었으나 대부분의 산간 지역이 그러했던 것처럼 이곳 유치면(有治面)도 소위 그들의 해방 구역으로 남아 있었다. 전쟁이 계속되고 있어 산간 오지까지 미처 행정력이 미치지 못 하고 있었던 것이다.

그로 인하여 주민들이 말할 수 없는 고통을 받았고 피아(彼我)간 희생자도 많이 났다고 한다. 특히 인민군 남해여단 주력부대가 북으로의 퇴로가 차단되자 이곳에 머무르면서 더욱 주민의 희생이 컸다고 한다. 할아버지부터 손자까지 일가족이 한 줄로 늘어서서 총살당한 예도 있다고 했다. '독안에 든 쥐' 신세가 된 그들은 결국 전멸하고 말았다. 그런데 전설처럼 전해 내려오는 그들의 종말이 충격적이다. 오갈 데 없게 된 그들 수뇌부는 둘러 앉아 자결하였고 그들의 목은 광주 시내 전봇대에 매달아 전시(展示)되었다고 한다.

숱한 민족의 한을 안은 이곳 유치(有治)도 머지않아 영원히 수장될 운명에 놓여 있다. 유치면은 삼계봉(三界峰: 503m), 가지산(迦智山: 505m), 국사봉(國師峰)으로 둘러싸인 분지로 그 하류 쪽 병모가지처럼 되어 있는 협곡을 막으면 그대로 호수가 되도록 지형이 되어 있다. 탐진강 상류인 유치면 750여 가구, 2천여 주민들의 생활터전이 호수에 수장되는 것이다.

영암군 금정산 계곡에서 발원해 첩첩 산골을 흘러내려온 탐진강은 유치면 한복판을 지나 강진 구강포 앞 바다로 흘러내린다. 강에는 은어 떼가 유영하고 있으며 물가 돌 틈 사이 가재가 기어 다니는 것은 강물이 오염되지 않은 청정수임을 말해주고 있다. 상류쪽 탐진 강변에는 신라 때 창건된 보림사(宝林寺)가 있다. 가지산 남쪽 기슭에 있는 이 고찰은 다행히 댐 건설과는 무관하게 온전하다. 인도 가지산 보림사, 중국 가지산 보림사와 함께 세계 3대 보림으로 불린다고 한다. 비자나무에 에워싸인 경내 약수는 한국의 10대 명수(名水)로 꼽힌다는 스님의 설명에 이끌려 그 약수로 목을 축였다. 과연 물맛이 일품이었다.

보림사는 우리나라 선교(禪敎)를 연, 구산선문(九山禪門)의 한 가람으로 천년의 역사가 서려 있는 고찰이다. 통일 신라 때 화순 쌍봉사 곡성 태안사와 더불어 손꼽히는 큰 절이었고, 그 후 여러 차례 중창과 중수를 거치면서 웅장한 규모를 지닌 대사찰이 되었다. 그러한 보림사가 오늘날처럼 왜소해진 것은 6·25전쟁 때문이라고 한다. 유치지구 공비 토벌 과정에서 보림사가 공비 본거지로 지목되어 군경토벌대에 의하여 불에 타서 일주문과 천왕문만이 소실을 면하고 20여 동은 모조리 불타 버렸다.

댐 공사장을 지나 탐진강 중류로 접어들면 넓어지고 비로소 강물다운 모습을 보여준다. 이곳은 예로부터 탐진강의 으뜸 절경지로 꼽혔다. 옛 사람들은 이곳에 창랑정, 부추정 등 여덟 정자를 세워 풍류를 즐겼다고 한다.

2001년 5월 24일자 동아일보 사회면의 한 기사가 주목을 끈다. '빨치산, 군경 유족 만나 갈등 풀어야'라는 큰 제목아래 '26일 지리산에서 위령제 여는 수경(收耕)스님'이라는 부제가 붙어 있다. '남북은 화해 분위기인데 정작 남남(南南)은 깊은 갈등의 늪에서 헤어나지 못하고 있는 것 같아 행사를 준비했습니다.'라는 것이 수경스님의 변이었다. 좌우대립의 와중에 지리산에서 숨을 거둔 군경, 빨치산들의 위패 5천여 개도 함께 마련됐다고 한다.

수몰 예정지구 강가 풀밭에는 검은 염소 떼가 한가로이 풀을 뜯고 있다. 2002년 말 준공 예정인 탐진댐이 완공되면 저 평화로운 풍경도 볼 수 없게 될 것이다. 보상금을 받은 수몰 예정 주민은 하나둘 새로운 터전으로 떠나고 있다.

3.

인생은 외로이 홀로 서 있는 나무

나무 팔자

울창한 소나무 숲 사이 낙엽을 밟으며 한참을 오르니 갑자기 가파른 비탈길이 나타났다. 길가에 선 나무기둥이나 잡목들을 붙잡아 가며 바위 길을 올랐다. 깊은 계곡 쪽으로 돌출된 큰 바위 위에서 잠시 땀을 식혔다. 밑을 내려다보니 아찔할 정도로 계곡이 깊다.

계곡 건너편 능선도 온통 바위산이다. 집채덩이 같은 바위가 계단 모양으로 포개져 있다. 그 바위 위에 아담한 소나무 한 그루가 있다. 풀 한 포기 없는 반반한 바위덩어리 위에 앙증스럽게 서 있는 한 그루 소나무, 비록 척박한 바위 사이에서 뿌리를 내렸으나 짙푸른 나뭇잎이 무척 건강해 보인다. 성자처럼 의연하고 아름답다. 어찌 그런 곳에 소나무가 자라게 되었는지 그 까닭이 궁금했다. 이 넓은 공간에 하필이면 싹이 날 수 없는 바위에 씨가 뿌려졌을까, 아예 버린 씨앗이었을까.

운명론자들은 사람은 타고난 사주팔자대로 살아간다고 한다. 사주팔자란 태어난 년월일시(四柱)와 간지(天干 地支)를 합한 여덟 자를 말한다. 즉 태어날 때의 시간적 공간적 여건으로 사람의 운명이 결정된다고 보는 동양적인 사고라 할 수 있다.

소나무의 사주를 알 수 없으니 그의 팔자를 헤아릴 길이 없으나 척박한 바위에다 둥지를 튼 것을 보면 그의 팔자가 기박 한 것만은 틀림없을 것 같다. 바위 부근에 소나무가 없는 걸 보면 멀리서 씨앗이 바람을 타고 날아 온 것만은 확실하다.

그 씨앗이 바위에 앉을 찰나 바람이 뚝 그쳤을 확률이 높다. 바람이 조금만 불었어도 씨앗은 땅에 떨어졌을 것이기 때문이다. 아니면 비가 오다 그친 순간이었을지도 모른다.

나무가 자라려면 흙과 물, 햇빛이 필수요건이다. 햇볕은 과다한데 물과 토양은 전무하다. 자세히 보니 옆으로 길게 뻗은 뿌리가 보인다. 바위가 겹친 경계를 따라 옆으로 뻗다가 모서리에서는 직각으로 꺾여 수직으로 내려갔다. 그 높이가 7~8미터는 족히 될 것 같다. 정교하게 설치한 배수관을 연상케 한다.

바위를 타고 내려간 뿌리가 땅에 닿을 때까지 얼마나 많은 세월이 걸렸을까. 그 사이 나무는 무엇을 먹고 살았을까. 뿌리가 뻗어갈수록 비록 바위에서이지만 수분을 빨아 올린 양이 조금씩 많아졌을 것이며, 뿌리가 조달하는 그만큼 잎이나 줄기가 자랐을 것이다. 우기에 비가 많이 온다고 마음 놓고 웃자랐다면 나무는 고사하고 말았을 것이다. 과욕을 부리지 않고 철저하게 생존 계획에 따라 분수만큼씩 자랐을 것이다. 인고의 세월 속에 기나긴 수로 공사가 마침내 완료되었을 때 마음 놓고 몸을 키우기 시작했을 것이다. 그러나 그것도 일 미터 정도에서 멈추고 있다. 현재의 공급량으로는 그 이상 자라서는 아니 되기 때문이다. 바위라도 뚫을 것 같은 강인한 생명력, 서두르지 않고 만난을 극복해내는 인내력, 자제력, 그 정교함, 그것이 어찌 의식이 없이 이루어진 것이라고 단언할 수 있겠는가. 누가 감히 이를 보잘것없는 초목에 불과하다고 업신여길 수 있겠는가.

바위 위의 소나무는 더 이상 바랄 것이 없어 보인다. 안빈낙도(安貧樂道)를 즐기면서 팔고(八苦)의 늪에서 허덕이는 중생들을 굽어보며 의연한 자세로 앉아 있다.

나 무

관악구 신림동 산 25번지, 관악산(冠岳山) 8부 능선 43도 경사진 등산로 한가운데 바위틈에서 태어났다.

내가 의식을 가지고 주위의 물정을 눈여겨볼 수 있었던 것은 본잎이 세 개쯤 날 무렵이었다. 잎사귀가 채 나기도 전에 뿌리부터 뻗어야 했던 것 같다. 다행히 바위틈 썩돌에서 내려앉은 왕모래에 약간의 흙이 섞여 있었다. 뿌리 내린 능선의 오른편은 북쪽이요, 왼편은 남쪽 양지바른 곳이다. 정상은 동쪽이요, 나는 서쪽을 바라보고 있다.

나는 하늬바람에 노출된 상태이다. 뿌리가 시원치 않으면 금세 날려가 버릴 것이다. 그래서 내가 채 의식을 차리기도 전에 뿌리가 내린 것이다. 뿌리를 내린다 해야 사방이 바위인데 어디 함부로 뻗어갈 틈도 없다. 왕모래와 흙 사이를 뻗어 가다보니 실눈 같은 바위틈이 있었다. 실뿌리를 그 속으로 뻗게 하여 겨우 내 몸체가 날리지 않을 정도의 안정을 유지할 수 있게 된 것이다.

내가 갓 태어났을 때만 해도 세상은 살만 하다는 생각을 가질 정도로 주위 환경이 그런대로 괜찮은 것으로 생각되었다. 날씨도 밤으로는 약간 쌀쌀하기는 해도 낮이 되면 따사로운 햇볕에 큰 불편이 없었다. 다만 수분이 모자라기는 하나 아직 내가 어리고 햇볕도 따갑지 않아 그렇게 많은 물이 필요치 않았다. 밤이면 잎사귀에 맺히는 이슬을 가지고서도 큰 불편 없이 자랄 수가 있었다.

지나가는 등산객들도 귀엽다고 어루만져 주기도 하고 또 어떤 분은 다칠세라 조심해서 발을 딛고 지나가기도 하였으나 대부분의 사람들은 별 관심을 두지 않고 지나갔다. 내가 있는 곳이 가파른 8부 능선이어서 등산객들이 이곳까지 올라오려면 이미 많이 지쳐 있어 기진맥진한 상태여서 주위 환경에 관심을 돌릴 겨를이 없어 보였다. 땀에 젖은 얼굴로 가쁜 숨을 몰아쉬며 한 걸음 한 걸음 힘없는 발걸음을 습관적으로 옮길 따름인 것이다.

나는 정말 행복하게 자랐다. 친구가 없어 좀 심심하기는 하였으나 나를 귀찮게 하는 잡초도 없고, 해충도 없으며 나를 병들게 하는 박테리아도 이곳까지 침입하지는 않았다.

내가 좀 더 넓은 세상을 보게 된 것은 키가 거의 일 미터쯤 자라면서부터였다. 등산로라고는 하나, 넓이가 2미터는 족히 되므로 그 전까지는 바깥세상을 구경할 수가 없었다. 나는 비로소 우리의 부모 형제 친구들이 살아가는 모습들을 볼 수가 있었다. 처음에는 저 복잡한 세상에서 어떻게 살아가나 싶었다. 그들은 풀이며 넝쿨이며,

다른 수종들과 어우러져 복잡하게 살아가고 있었다.

키기 2미터쯤 되면서부터 내가 뿌리박은 이곳이 나무가 살아가는데 적합하지 않은 곳이라는 것을 알게 되었다. 첫째는 뿌리를 뻗어가기가 너무 힘들었다. 썩어가는 바위라서 부슬부슬하기는 하나, 그 속을 뚫고 뿌리를 뻗기는 여간 힘든 일이 아니었다. 뿐만 아니라 빨아 올려야 할 양분이 거의 없는 상태였다. 그러니 기껏해야 잎에서 흡수하는 양분을 뿌리에까지 공급해야 할 형편이니 키가 자랄 겨를이 없었다. 남향받이에서 자라는 동갑내기들은 나보다 세 배나 더 크게 자라고 있었다.

그런데 등산객들이 가파른 이곳을 올라갈 때면 어김없이 내 몸통을 붙잡고 올라가는 것이다. 그렇지 않아도 뿌리가 부실한데 그 육중한 체중을 가냘픈 내게 의지하여 올라가니 지탱하기가 여간 어려운 것이 아니다. 그러니 뽑히지 않으려고 힘을 뿌리 쪽에 쏟았다. 그러한 보람으로 그 끝이 양지쪽 토양에 다다르게 되었다. 그때부터는 그곳에서 약간의 양분을 얻게 되어 살아가는데 큰 도움이 되었다.

문제는 겨울철이었다. 산등성이어서 항상 차가운 북풍이 내 몸을 스치고 지나갔다. 겨울 내내 따스한 온기는 느낄 수가 없었다. 그러나 내 오른편 남향받이에 있는 나의 부모 형제들은 그렇지가 않았다. 그들은 북풍이 몰아치는 날에도 그렇게 센 바람을 맞지 않았고 햇볕만 나면 따뜻한 나날을 보내고 있었다.

나는 왜? 여기에 태어났을까! 내가 뿌리내린 곳에서 2미터만 우측에 자리를 잡았어도 저들과 같이 행복한 나날을 보낼 수가 있었던 것이 아닌가. 나는 불현듯 부모 형제가 그리워지고 내가 뿌리내린 이곳이 한시도 있기가 싫어졌다. 그렇다고 별 뾰족한 수가 있는 것도 아니다. 그저 운명이려니 생각하고 모진 목숨을 이어가기 위해 안간힘을 다 쏟으며 살아갈 수밖에. 이때부터 나는 저 양지바른 남향을 그리며 살아왔다. 그래서 나의 가지며 잎사귀들은 그쪽으로 향하고 나의 몸체도 남쪽으로 기울어져 갔다.

그런데 운명의 날이 오고야 말았다. 영하의 날씨가 계속되어 나의 온몸은 꽁꽁 얼어붙어 있었다. 12시가 가까워 오면서 구름 사이로 햇빛이 비치기 시작하여 몸의 긴장을 풀고 있었다. 이때 한 사람의 등산객이 내 아랫도리를 잡고 힘껏 당겼다. 순간 나는 여지없이 부러지고 말았다. 몸에 물기가 있을 때는 유연성이 있어 그 많은 등산객들이 나를 붙잡고 올라가도 휘어졌을망정 부러지지는 않았었다. 겨울이 되어 마를 대로 마른 데다 얼어붙어 있었기 때문에, 그의 힘을 이기지 못하고 불과 10센미터를 남겨두고 부러지고 말았다. 불행하게 태어난 것도 억울한데 이제 몸뚱이마저 없어졌으니 저 하늘은 과연 누구의 편일까?

사람들은 내 몸뚱이가 동강난 것에는 별 관심이 없다. 부러진 나무가 더 붙잡기가 좋다고 하며 나에게 의지하여 가파른 능선을 올라가고 있다. 나의 몸통은 등산객의 손때가 묻어 반질반질하게 닳았다.

나는 회생할 희망이 없다. 머지않아 뿌리마저 썩어지면 송두리째 뽑혀 나갈 것이다. 나는 더 이상 구제받을 수 없는 절망의 한계선 밖에 있다.

며칠 전 모 TV프로에서 식물도 스트레스를 받는다는 사실을 실험을 통해 증명해 보여 주었다. 항상 물은 주고 거름을 주고 일광욕을 시키는 주인이 곁에 오면 편안한 반응을 보이다가도, 가지를 꺾고 잎을 따고 하여 못 살게 구는 사람이 곁에 오면 스트레스를 받는 반응을 보였다. 그 실험은 심전도 검사를 하는 것처럼 전파를 나무와 계기에 연결시켜 이루어졌다.

식물도 어느 정도의 의식이 있다는 사실을 실험으로 보여준 것이다. 식물도 메마른 바위틈에 태어난 것을 한탄하고 등산객이 잎을 꺾고 줄기를 자르고 몸통을 부러트릴 때마다 말할 수 없는 고통과 아픔, 슬픔을 느낀다는 사실을 사람들이 깨달을 때가 온 것이다.

나무는 덕(德)이 무엇인지를 모른다. 주면 받을 것이요 주지 않으면 받지 못할 뿐이다. 아늑하고 따뜻한 남향받이 골짜기를 갈망하며 잎과 줄기를 그쪽으로 뻗으며 소망을 표시하나 그 소망이 성취되지 못할 뿐이다. 사람들은 나무의 소망 따위에는 관심이 없다. 오직 그들의 필요에 따라 마음대로 판단하고 행동할 따름이다.

나는 훌륭한 견인주의(堅忍主義)자도 아니요, 고독의 철인도 아니며, 안분지족(安分知足)의 현인도 아니다. 나는 자연(自然) 그대로일 뿐이다.

사람들은 그들의 잣대로 모든 것을 헤아리기를 좋아 한다. 조물주는 풀 한 포기, 나무 한 그루 그 어느 것 하나 의미 없이 이 세상에 태어나게 하지는 아니하였다. 지구는 인간들만의 것이 아니다. 지구상에 존재하는 모든 것들의 것이다.

사람이 인권을 부르짖는 것처럼 우리는 수권(樹權)을 요구한다. 자연은 더 이상 지배의 대상, 개척의 대상이 아니라 공존, 공생의 상대라는 사실을 깨달아야 할 것이다. 더 이상의 자연 파괴는 인간과 자연이 공멸(共滅)한다는 사실을 사람들이 알아야 할 것이다. 사람과 나무가, 사람과 자연이 서로 존중하고 화합함으로서만이 밝고 건강한 지구(地球)의 앞날을 약속할 수 있음을 사람들은 명심해야 할 것이다.

재회(再會)

어느 TV대담 프로에서 세계의 오지(奧地) 여행자라고 소개된 대담자에게 왜 오지를 여행하느냐고 물었다. 대담자는 서슴없이 '만남'이라고 대답하였다. 낯선 사람들과 그들이 사는 모습, 그들이 생각하는 것들, 자연환경, 그 모든 것들과 만남을 위하여 여행을 한다고 하였다. 생각해 보면 사람이 산다는 것은 '이 모든 것들과의 만남의 과정이다.'라고 말할 수 있을 것 같다. 우리는 이들과의 만남의 과정에서 희로애락(喜怒哀樂)을 느끼며, 좌절을 맛보기도 하고 분발할 수 있는 자극을 받기도 한다. 그러함으로 예로부터 선현들은 이에 경구(警句)들을 남겼다.

쑥이 삼밭에 나니 받혀주지 않아도 스스로 곧고
흰모래가 진흙 속에 있으니 더불어 모두 검어진다.
(逢生麻中 不扶自直 白沙在泥 興之指黑) - 曾子의 말

쑥대는 아무렇게나 자라면 굽기도 하고 비뚤어지기도 하나 밀립(密立)한 삼밭에 나면 주위의 영향을 받아 자연히 곧아지고 백사(白沙)는 본질이 흰 것이나 진흙 속에 들어가면 검어지지 아니할 수 없다. 만남의 중요성을 비유한 말이라 하겠다.

이 만남의 중요성을 독서의 과정에서도 가끔 느낄 때가 있다. 좋은 인연을 가졌던 사람은 오래도록 잊혀지지 않을 뿐 아니라 가끔은 만나보고 싶은 충동을 느낄 때가 있듯이, 강한 감동을 받았던 책은 기억 속에 오래 남아 있을 뿐 아니라 가끔 다시 읽어 보고 싶은 충동을 느낀다.

오래전에 『이기주의(利己主義)』란 표제의 책을 읽은 적이 있다. 문고본(文庫本)치고는 부피가 꽤 있었다. 인간 행동의 근본은 이기주의임을 강조한 내용이었다. 심지어 자선사업을 하는 것도 그 근본을 따져보면 이기주의에서 비롯된다고 설파하고 있다. 글을 쓰다가 그 책이 생각났다. 그 대목에는 그 책의 내용을 인용하는 것이 안성맞춤이라는 생각이 들었다. 그래서 그 책을 구하려고 수소문 하였으나 구할 수가 없었다. 시내 헌 책방을 샅샅이 뒤졌으나 구하지 못했다. 쓰던 글은 그 이상 나갈 수가 없었다. 길 가다가도 헌 책방만 있으면 그 책이 한편 구석에 먼지투성이가 되어 꽂혀 있을 것 같은 생각이 들어 기웃거리곤 하였다.

그런데 며칠 전 영풍문고 지하에 일본서적 코너가 있어 호기심에 둘러보던 중 뜻하지 않게 그 책을 만나게 되었다. 그것은 전혀 예상 밖의 일이었다. 그 책을 읽은 지가 워낙 오래된 일이고 또 일본

책이어서 헌 책방에서나 요행으로 구했으면 구했지 새 책으로 만날 수 있을 것이라고는 생각지 못한 일이었다. 저자는 무사노고지사네아쓰(武者小路實篤)란 긴 이름을 가진 일본 학자였다. 책에는 사진까지 곁들인 저자 소개가 있었다. 후덕한 노학자의 모습이 인상적이었다. 사진 밑에는 '1885~1976'이라고 적혀 있다. 사사(師事)하던 은사를 잃은 것 같은 숙연함을 느꼈다. 그러나 한편으로는 그 한 권의 책을 손에 쥐는 순간 오랫동안 만나지 못하였던 첫사랑을 안은 것 같은 포근한 행복감을 맛볼 수 있었다.

좋은 책과 훌륭한 저자를 만날 수 있다는 것은 그만큼 우리의 삶이 윤택해지고 한층 높은 수준의 지적인 경험을 맛볼 수 있다는 점에서 행운이라고 자부하여도 되지 않을까. 당장 명문이 나올 것 같은 용기가 솟구쳤다. (1998. 9)

인 사

지난 여름 속초 H콘도에서 며칠 묵은 적이 있다. 아침 산책을 위해 삼층에서 계단을 내려가는데 계단을 쓸고 있던 여자분이 공손히 인사를 하며 한쪽으로 비켜섰다. 뜻밖의 사태에 순간 당황하였으나 평상을 되찾아 가벼운 목례를 하고 지나갔다.

청소를 하던 분이 인사를 할 것이라는 생각을 하지 못했다. 빌딩이나 지하철 계단, 아파트 등에서 청소하는 분들을 자주 만날 수 있었으나 그들로부터 인사를 받아본 적이 없었다. 서로 지나치면서 인사를 주고받는 것은 당연한 일이겠으나 우리의 현실은 그렇지 않으니, 그것도 나에게는 조그마한 사건일 수 있는 것이다.

다음날 아침 계단을 내려가며 눈여겨보아도 그는 보이지 않았다. 산책을 마치고 계단을 올라가며 보니 담배꽁초가 여기 저기 눈에 뜨인다. 창틀에도 종이컵이 구겨져 박혀 있고 거기에도 담배꽁초가 있었다. 그녀의 인사를 받기 전에는 그러한 것들이 별로 눈에 뜨이지 않았던 것들이다. 그 청소하는 분을 대하기 부끄러운 생각이 들었다. 그의 조신한 몸가짐에 비해 투숙객들의 행동거지가 너무나 난잡하다는 생각이 들어서였다.

설악동에 있는 케이블카를 타고 산중턱까지 올라가, 거기서부터는 도보로 정상 쪽으로 향하고 있었다. 정상 쪽에서 내려오는 서양 여자를 만났다. 그는 길옆으로 비켜서며 "Excuse me."라고 하였다. 나는 당황한 나머지 할 말을 잊고 그대로 지나쳤다. 조금 올라가니 또 한 분의 서양여자가 내려오며 앞서가던 여자와 똑같은 행동을 취하였다. 그대로 지나가기가 면구스러워 나도 "Excuse me." 하고 지나갔다. 조금 가니 또 다른 서양 여자가 내려오며 "Excuse me." 하고는 옆으로 비켜섰다. 이번에는 "thank you." 하고 지나갔다. 어느 말이 맞는지는 모르겠으나 다급한 김에 튀어나오는 말들이다. 그들 일행이 5~6명 되는데 한결 같이 같은 행동을 취하며 길을 비켜주고는 지나갔다.

정상이 가까워질수록 안개비의 양이 많아지고 있었다. 조금 가다 한국 젊은이 한 쌍을 만났다. 그들은 우리에게 길을 양보할 생각이 전혀 없는 것 같았다. 그 길은 비탈진 바위 위에 난 길이라 길을 비키려면 비탈진 바위를 타야했다. 집사람은 굽 높은 샌들을 신고 있어 비탈진 바위를 걷기가 여간 불편한 것이 아니었다. 내가 부축을 해서 겨우 그곳을 통과할 수 있었다.

정상이 보이는 곳까지 가는 사이 수많은 사람들과 마주쳤으나 먼저 내려간 서양 여자들처럼 길을 비켜주는 사람은 없었다.

내가 어렸을 때 웃어른으로부터 받은 인사를 평생 잊지 못한다. 그것은 중학교 2학년 때의 일이다. 손님이 와서 현관문을 열었더니 50대 정도 되어 보이는 여자분이 서 계셨다. 우리 집 아래에 있는 집에 이사를 왔노라며 명함 한 장을 건네주고 돌아가셨다. 그분은 골목 집집마다 이사 온 인사를 하고 다니고 있었다.

알고 보니 그분은 나와 같은 반 친구의 어머니였다. 그 친구의 아버지는 독일 유학을 한 분이었고 어머니는 공교육을 받지 않으신 분이셨다. 왜정시대 독일 유학을 할 정도이니 지역 사회에서는 모두가 알아주는 명문가 집안이었다. 그 후로는 이사를 하고 인사 다니는 분을 본 적이 없다.

조간신문 칼럼에 실린 모 대학 교수의 글이 눈에 들어왔다. 큰 제목이 '매사가 수행(修行)인 것을' 부제에 '동방무례지국(東方無禮之國)으로 전락하나'였다. 그 일부를 발췌해 본다.

"대부분의 남학생들은 마치 등산이라도 하듯 쿵쾅거리며 발을 박차고 다니고, 여학생들은 따각 거리는 소리를 내며 샌들을 끌고 다니는 것이었다. 또한 복도에서는 좌충우돌하며 돌진해오는 일렬횡대의 무리들을 피해 한쪽으로 비켜서야만 했다. 이제 동방예의지국이라는 말은 옛말이 되고 동방무례지국으로 전락해, 심지어 예절마저도 서양사람들에게 배워야 할 형편이다." 배움의 전당인 대학사회가 이 정도이니 일반사회의 형편을 불문가지라 하겠다.

사람은 혼자서는 살 수 없으며 여러 사람들과 더불어 살아갈 수밖에 없는 존재라고 한다면, 인사는 더불어 사는 사람들 사이의 관계를 지어주는 가장 기본적 행위라 할 수 있겠다.

그래서 우리 조상들은 예부터 예를 숭상하였으며 특히 조선조에 들면서 예학이 발달하여 여러 방면에 까다로운 예법이 많이 생겨났다. 그 예법이 너무 지나쳐 오히려 폐단이 생기기도 하였다. 그래서 오늘날에는 가정의례준칙까지 생겨났다. 그러한 우리 '동방예의지국'이 '동방무례지국'으로까지 전락하였으니 그 원인이 어디에 있건 우려할 일이 아닐 수 없다.

H콘도의 청소하는 분에게 내가 먼저 "수고하십니다." 하고 인사를 하려 하였으나 그날 후로는 만날 기회가 없어 그 인사를 하지 못하고 떠나온 것이 몹시 아쉽다. (2001. 7)

아웃사이

개구쟁이 시절부터 우리는 공놀이를 많이 했었다. 돈도 귀하고 물자도 귀하던 시절이었으므로 공이라야 돼지 오줌보에 공기를 불어 넣어 만든 것들이 고작이었다. 그것으로 축구 공놀이도 하고 배구놀이도 하였다. 놀이 장소는 벼를 베어낸 빈 논바닥이었다. 찬물 만지기가 싫어 세수하기를 싫어했다. 일주일에 한 번 정도 하는 아이는 그나마 나은 편이었다. 새카만 때가 더덕더덕 붙은 손등이 얼어 터져 피가 나는 것 정도는 보통이었다. 요즈음에 비할 수 없을 정도로 추운 날씨(입성이 부실한 탓도 있을 것이다)에도 아랑곳 하지 않고 누런 코를 훌쩍이며 몸에 땀이 배도록 신나게들 놀았다.

그런데 논바닥 경기장에도 기본적인 룰이 있었다. 그어 놓은 선 밖으로 나가면 감점이 되는 것이다. 상대방 공이 선 밖으로 나가면 '아웃사이'를 외치며 좋아하였고 아웃사이를 범한 측은 시무룩하였다. '아웃사이'가 무슨 뜻인 줄은 몰랐으나 그저 어른들의 흉내를 냈을 뿐이었다.

요즈음 이 아웃사이 때문에 약간 우울한 나날을 보내고 있다. 옛날 논바닥에서 공놀이 할 때의 아웃사이는 경기하는 자의 실수로 저질러지는 것이었으나 요즈음 내가 겪는 아웃사이는 내가 대처 하여야 할 뾰족한 방법이 없기 때문이다. 며칠 전 전화요금 고지서에 동봉된 생활 안내지에 '평생질병 보장'이란 문구가 눈에 들어왔다. 관심을 가지고 읽어 가니 괄호 안에 '65세 이상 제외'라고 되어 있었다. 열심히 읽어 가다 그만 맥이 확 풀렸다. 나도 모르게 '고얀 놈들' 하고 뇌까렸다. 냉정을 되찾고 생각해 보니 안내지의 내용은 차라리 솔직한 면이 있어 좋았다는 생각이 들었다.

요즈음 나를 우울하게 하는 것은 무어라 똑부러지게 말을 하지는 않으나 은연 중 주위 환경으로부터 '아웃사이더'로 몰리고 있다는 강박 관념에 사로잡혀 있어서 일는지 모른다. 지하철 매표소 앞에 서면 말없이 백색 승차권을 내어 민다. 아예 신분증을 확인할 필요도 없다는 표정이다. 일일이 신분증을 요구할 때는 귀찮다는 생각이 들었으나 그것마저 요구하지 않으니 허전하다. 그만큼 아웃사이드로 밀려났다는 생각이 들어서이다. 전동차 안에서도 그렇다. 다행히 비어 있는 자리가 있는 경우에는 거기 앉으면 그만이지만 비어 있는 자리가 없는 경우에는 좌석 앞에 서기가 미안하다. 그래서 출입문 쪽에 선다. 그곳에서 차안을 바라보고 있으면 나는 그들과 어울릴 수 없는 국외자(아웃사이더)란 생각이 든다. 향우회나 동창회 같은 데서는 아예 고문으로 돌려놓는다. 고문이란 같이 어울리자니 어색하고 그렇다고 괄시할 수도 없으니 가만히 앉아서 굿이나 보고 주는 떡이나 잡수시오. 하는 자리다. 그래서 총 동창회나 향우회를 자주 나가지 않는다. 우리끼리의 기(期) 동창회는 부부동반으로 운영하고 있다.

코흘리개 때부터 공놀이를 하면서 '아웃사이'를 범해서는 안 된다는 생각이 몸에 배었고 그래서인지는 몰라도 그런대로 아웃사이를 당하지 않고 무난히 오늘날까지 지나왔다. 그런데 요즈음에 와서 그 '아웃사이' 과민증에 시달리고 있다. 아침마다 불암산 중턱까지 등산을 한다. 며칠 전에 내린 눈이 녹지 않아 아이젠을 신어야 올라갈 수가 있었다. 등산로 주변에 을씨년스럽게 서 있는 잡목가지에 미처 떨어지지 못하고 매달려 있는 잎사귀가 볼썽사납다. 저놈도 분명 '아웃사이' 공포증에 걸린 놈일 거란 생각이 들었다.

이른 봄에 싹이 터서 여름에 녹음이 우거지고 가을이 되면 단풍으로 변했다가 초겨울에 잎이 떨어진다. 그래야 봄이 되면 그 자리에 새싹이 돋아난다. 저 놈이 '아웃사이' 공포증에 걸려 죽기 아니면 살기로 매달려 있으니 돌아오는 봄에 그 자리에 새싹을 틔우기가 어렵게 생겼다. 지난 가을 낙엽이 되어 땅에 떨어진 잎사귀들은 서로들 몸을 맞대고 포개져서 포근한 겨울을 보내고 있다.

따지고 보면 저 잎사귀가 죽기 아니면 살기로 나무에 매달려 있는 것이 '아웃사이'요 잎사귀 무리들과 같이 땅에 떨어져 포근한 겨울을 보내는 것이 순리가 아닐까. (2001. 2)

한 길 사람 속

1. 착각(錯覺)

내과 소아과 간판이 걸린 병원의 아담한 대기실은 입추의 여지가 없었다. 갓난아기를 안은 젊은 엄마들이 대부분이었다. 환절기에 날씨마저 추웠다 더웠다 변덕이 심하니 감기가 유행한 모양이다.

이맘때는 연례행사처럼 감기에 걸렸었다. 몇 해 전부터 독감 예방 접종을 맞은 후부터 큰 감기에 걸리지 않았다. 금년에도 일찌감치 보건소에 예약을 하고 예방접종을 하였다. 그래서 감기에 대해서는 별 걱정을 안 했었는데 목이 아프고 기침에 콧물까지 나는 전형적인 감기 몸살 증세가 있어 가까운 병원을 찾았다.

한참을 기다려 의사의 처방전을 얻을 수 있었다. 부랴부랴 1층에 있는 약국으로 갔다. 그곳도 만원이었다. 아파트 단지에 있는 상가 건물 2, 3층에 병원이 있고 1층에 약국 하나가 있으니 처방전을 받은 환자들은 그 약국으로 몰리게 되어 있다. 진열대 위에 처방전이 수북이 쌓여 있다. 순서를 지킨답시고 처방전을 맨 밑바닥에 끼워 넣었다. 얼마 되지 않아 약이 나왔다.

병원에서부터 앞섰던 사람들을 제치고 내 약이 먼저 나온 것이다. 순간 당황했다. 괴로워하는 아기를 안은 엄마들이 안타깝게 기다리는 사이 나중에온 내 약이 먼저 나왔으니 시선이 나에게 집중될 수 밖에. 옆자리 엄마 품에 안긴 아기를 보며 순서가 위에서부터인 줄 알았는데 내가 먼저 타게 되어 미안하구나 계면쩍게 혼잣말처럼 중얼대고 황망히 약국을 빠져 나왔다.

새치기를 한 셈이다. 약을 먼저 탄 기쁨보다 아기 엄마들의 시선이 의식되어 마음이 개운치 않았다. 속으로는 얌체짓을 한다고 생각하고 있을망정 겉으로 표시하는 사람이 없으니 위에 있는 처방전부터 약을 짓는 줄 알고 밑에다 끼워 넣은 것이지 먼저 타기 위해서 수작 부린 것이 아니라고 일일이 변명할 수도 없으니 더욱 답답하다. 그렇게 변명을 한다고 해서 믿어 줄 사람이 몇이나 될까.

내가 그들의 속내를 헤아리지 못 한 것처럼 그들 또한 내 변명을 믿지 못하는 것이 당연한 일일는지 모르겠다. 약사나 손님들의 마음을 제대로 읽지 못하고 내 주관대로 판단한 것이 잘못이었다. 그것은 본의 아니게 저지른 실수였으니 질서를 어지럽힌 것만은 분명하다.

사람들은 자기 주관대로 세상을 바라보고 매사를 판단하려고 하는 습성이 있는 것은 아닐까.

2. 착오(錯誤)

경남 산청군에 있는 중산리 관광단지를 방문하기로 하였다. 가는 길을 PC에서 찾아보았다. 다음과 같이 나와 있다.

도로안내: 대전-통영간 고속도로: 진주 IC-단성(소요시간 10분)
단성 IC - 중산리 지구(소요시간 30분)

아침 6시 30분에 출발하였다. 동부간선도로에 진입하니 벌써 차들로 꽉 차 있다. 수원을 지나면서 제 속도를 낼 수 있었다. 호남선과의 갈림길에서 부산 방향으로 10분쯤 가니 대전 통영간 고속도로가 나왔다. 도로는 비교적 한산했다. 쾌청한 봄 날씨에 경부선에 비해 굴곡도 적어 경쾌한 기분으로 드라이브를 즐길 수 있었다. 도중 인삼랜드 휴게소(금산)에서 조금 늦은 아침 식사를 하였다. 진주IC를 지나 단성IC로 가게 되어 있으니 우선 목표는 진주였다. 덕유산 휴게소에 들러 커피 한 잔을 마시고 진주를 향해 규정 속도를 유지하면서 달렸다.

도로는 진주에서 끊겨 있었다. 진주 통영간은 아직 공사 중이었다. 단성IC 종사원에게 물었더니 지나오지 않았느냐는 것이다. 진주에만 신경을 쓰다 보니 중간 지점에 대해서는 별 관심을 두지 않았다. 요금소를 통과하여 고속도로를 재진입하여 거슬러 올라갔다. 10분 쯤 가니 단성 함양방면 IC가 나왔다.

안내문에 진주 IC를 써넣은 것이 화근이었다. '대전 통영간 고속도로, 단성IC에서 자동차로 30분 거리'라고만 하였으면 아무 탈 없이 찾아갈 일을 굳이 '진주IC-단성IC(10분소요)'라는 문구 때문에 번거로운 절차를 밟아야 하는 불편을 겪었다. 정보 제공자가 산청군청 문화관광과로 되어 있다. 그 지방에서는 진주가 제일 큰 도시이기 때문에 진주를 기점으로 안내하는 것이 주민이 이해하기에 편리할 것이란 생각에서 한 일인 것 같으나 사이버 공간이란 일개 지역에 국한되지 않고 그 효과가 광범위하다는 것을 미처 생각지 못한 것 같다.

이것 또한 아전인수 격인 우물 안 개구리식 사고가 빚은 현상이 아닐까.

원고지 타령

어제 있었던 수필문학 합평 때 생각이 떠올랐다.

그때도 일부 평자의 작품에 대한 폄훼 발언에 작가에 대해서 미안한 생각이 들었고 노 문사(老 文士)의 작품을 제대로 이해하지 못하고 함부로 대하는 것에 분노마저 느껴 자신도 모르게 흥분했던 일이 떠올라 새삼 얼굴이 화끈거렸다.

상재된 글은 「컴맹의 여우」였다. 저자는 스스로 '컴맹'임을 전제하고 그가 컴퓨터를 대하는 심사를 '시렁 위의 포도를 바라보는 여우 꼴이 될 수밖에 없다.'고 실토한다. 그러면서 '죽는 날까지 펜으로 글을 쓰는 수작업을 고수할 작정'이라며 끝을 맺었다.

『제3의 물결』로 유명한 앨빈 토플러는 그의 첫 번째 저서 『미래쇼크』에서 "우리는 기술발전의 스위치를 끌 수도 없으며 꺼서도 안 된다. 낭만적인 바보들만이 '자연 상태로 돌아가자고 지껄일 뿐이다."라고 하고 한술 더 떠 "기술에 등을 돌린다는 것은 어리석을 뿐 아니라 비도덕적인 행동이다."라고까지 하였다.

「컴맹의 여우」에 대해서 일부 평자는 토플리의 의견에 전적으로 동의하는 것 같다. 쏟아지는 정보의 물결 속에서 굳이 펜으로 원고를 쓰겠다고 고집하는 것은 말도 안 되는 바보 같은 짓이라고 폄훼하였다.

저자를 나타내지는 않았으나 문맥으로 볼 때 꽤 오랜 문력의 노문사일 것이라 짐작된다. 이 글은 '50년의 문력과 함께 살뜰한 친구의 우정처럼 마음속에 쌓인 원고지에 대한 애틋한 정'을 말하고 있는 것이다. 비록 악필일망정 자신의 생생한 필적과 창작의 고뇌를 말해주는 퇴고의 흔적이 남루한 원고를 바라보면 이것이 나의 살아있는 분신이라는 작품에 대한 애착심이 절로 생긴다고 하였다.

원고지에 대한 애착이 얼마나 깊었으면 '죽는 날까지 원고지에 펜으로 글을 쓰는 수작업을 고수할 작정이다.'라고까지 하였을까. 이 말은 '나는 너를 죽도록 사랑한다.'라는 말처럼 원고지에 대한 필자의 절절한 애정의 표현쯤으로 이해해도 되지 않을까.

원고지에 별로 글을 써 본 경험이 없는 세대가 노(老)문사의 심정을 이해하지 못하고 함부로 폄훼하는 태도를 탓하는 것 자체가 무리일지 모른다. 그러나 적어도 문학을 지향하는 사람은 사물의 표상만을 보고 느끼는 것이 아니라 그 속까지 들여다 볼 줄 알아야 하고 나아가 이면까지를 헤아리는 혜안을 갖는 꾸준한 노력이 있어야 하지 않을까.

아는 만큼 보인다고 하였다. 한 치 앞도 보기 어려운 시력으로 함부로 논단(論斷)하는 실수를 범하지 않기 위해서는 우선 안목을 넓히는 노력이 있어야하고 인격을 도야하여 원만한 인간성의 소지자가 되도록 노력하는 것이 좋은 글을 쓰는 첩경이라는 것을 깨달았다.

윤오영은 수필을 곶감에 비유하였다. 곶감에 나타나는 하얀 시설(柹雪)은 수필을 둘러싸고 있는 놀과 같은 '무드'이며 수필의 묘미는 놀과도 같이 아련한 무드에 쌓인 신비로운 정서에 있다고 하였다.

눈깔사탕

외출에서 돌아와 보니 책상 위에 눈깔사탕 한 개와 메모지 한 권이 놓여 있었다. 그것들은 이미 낯익은 것들이라 그녀가 다녀간 사실을 알 수 있었다.

노숙자 문제가 사회의 이슈로 떠올랐던 지난해 늦가을 어느 날, 30대 후반쯤 되어 보이는 여자분이 명함과 눈깔사탕 한 개를 놓고 갔었다. 그 후 잊을 만하면 와서는 눈깔사탕 하나를 놓고 가곤 하였다. 그녀는 말이 없었다. 그저 미소 띤 얼굴로 고개만 까딱 숙이며 눈깔사탕 하나를 책상머리에 두고는 황망히 사라진다. 내가 자리에 없다고 하여 그대로 가는 법이 없다. 꼭 눈깔사탕 하나씩을 남겨, 왔다 갔다는 사실을 알리는 것이다.

처음 얼마 동안은 많은 잡상인 중의 하나쯤으로 별 관심을 두지 않았으나 그녀의 반복되는 꾸준한 행동은 점차 무언의 압력으로 다가옴을 느꼈다. 그녀는 명함으로 S생명보험의 생활설계사임을 알렸으므로 그녀가 한 알의 눈깔사탕으로 나에게 전달하고자 하는 메시지는 자명한 것이다.

보험 가입이 어려우니 가입 가능한 곳을 골라 이곳에 오는 노력을 그곳으로 쏟으라고 설득하였으나 미안할 것 없으니 개의치 말라며 변함없이 눈깔사탕 한 알씩 놓고 갔었다.

한 반년쯤 되었을까, 평소 말이 없던 그녀가 말문을 열기 시작했다. '알아보니 건물에 대한 화재보험에 가입되어 있지 않으니 화재보험 하나 들어 놓아야겠어요.' 한다. 그동안 그녀는 나를 설득할 자료를 수집하고 있었던 것 같다. 그녀는 나의 허점을 정곡으로 찌른 것이다. 왜냐하면 나 자신 평소 그 필요성을 어느 정도 인정하고 있었기 때문이다. 그러기는 하나 그동안 눈깔사탕 공세를 하지 않았다면 나는 일언지하에 거절했을 것이 분명하다. 눈깔사탕 위력에 눌려 옴짝달싹 못하고 그녀의 요구대로 무조건 항복하고 말았다.

옛날에는 오마께란 과자가 있었다. 그 맛은 요즈음 유과와 비슷하나 모양이 다르다. 그런데 그 이름이 재미있다. 오마께(御敗=おまけ)란 일본말인데 진다는 뜻이다. 아이들이 소꿉장난하며 서로 다투다가도 오마께 하나만 주면 수그러질 만큼 맛이 있다는 뜻으로 지어진 이름이 아닌가 생각된다. 말하자면 어린이 사회에 있어서의 하나의 로비용인 셈이다.

'오마께'는 사라지고 눈깔사탕이 생겼다. 눈깔사탕이 '오마께'에 버금갈 만큼 맛이 있는지는 모르겠으나 오늘날 어른 사회에서도 경우에 따라서는 의사 전달의 훌륭한 매개역할을 하고 있음을 알 수 있다.

지난 7월 중순, 남사문학회(南沙文學會) 발기인 모임은 처음 대면하는 사람들이 많아 서먹하고 어색한 분위기가 감돌았다. 그러나 여류문인의 재치 있는 농담으로 장내는 금세 웃음바다가 되고 화기애애한 분위기로 변할 수 있었다. 어느 모임이나 집회에서 그 장내 분위기를 의도한 대로 우이(牛耳)할 수 있는 것은 아무나 할 수 있는 일이 아니다. 재기 발랄하고 유머 감각이 풍부한 그분만이 할 수 있는 재주가 아닌가 여겨진다.

그분은 헤어질 때까지도 재기를 발휘하여 포장된 눈깔사탕 한 알을 건네주며 익살을 부려 주위 사람들을 즐겁게 하였다.

그 한 알의 눈깔사탕에 함축된 메시지는 과연 무엇일까.

지피지기(知彼知己)

신문 사회면의 한 기사가 눈길을 끈다. 승용차를 택시로 위장하고 이틀 동안 여성 승객만을 골라 금품을 빼앗고 살해한 2인조 강도 살인 사건이다. 한 명은 붙잡히고 한 명은 도주, 나이는 스물다섯, 5명이나 살해 하고 빼앗은 돈은 고작 기백, 그런데도 그는 전혀 죄책감 같은 것을 느끼지 못하는, 말하자면 디지털 형(digital形)이라는 것이다.

디지털의 효시는 1960년 펜실베니아 대학 모클리와에커드가 만든 에니악(ENIAC)이라는 것이 통설이다. 핵심 원리는 2진법이다. 종래의 10진법의 기계화가 한계에 부딪치게 된다. 그래서 모든 정보를 On, Off, 하는 2진법을 생각해낸 것이다. 이것을 디지털(dgital)이라고 한다.

카메라의 보급도 디지털 카메라가 이미 40%를 차지하고 있다. 300만 화소급 보급형이 출시되고 있으나 2~3년 안에 5~600만

화소급이 출시될 것이라 한다. 아날로그 카메라는 점차 사라지고 TV방송도 디지털 방송으로 바뀐다고 한다.

정보화 사회란 바로 디지털 사회를 말하는 것이라고 하여도 과히 틀린 말은 아닌 것 같다.

컴퓨터 기술의 궁극적 목표는 인간과 거의 같은 수준의 로봇을 만드는 것이다. 이것을 제5세대 컴퓨터라고 한다. 일본에서 말하는 로봇이 생겨 화제다. 전산기술은 그 발전 속도가 눈부시어 6개월이 지나면 벌써 구형이 된다. 로봇이 인간을 닮아가는 것이 아니라 인간이 로봇을 닮아가고 기이한 것은 사람이 로봇을 닮아가는 현상이다. 훈훈한 정서는 메말라 버리고 오로지 기능만이 발달하는 인간이 되어가고 있는 것이 바로 그 연장선상에 엽기적인 살인 사건이 태연히 일어나는 것은 아닐까.

다른 신문의 같은 날짜 칼럼을 들여다본다. 어느 중학교 수학여행에서 선생님에게 자리를 양보하는 학생이 없어서 선생님이 4시간이나 서서 갔다는 얘기다. 그런데 그 이유가 뜻밖이다. 선생님이 돈을 안 냈기 때문이라는 것이다. 우리는 그동안 눈부신 경제성장을 했지만 그만큼 또 많은 것을 잃기도 했다. 그 가장 큰 손실은 선생님을 잃은 것이다. 선생님은 단순한 봉급생활자일 수 없다. 나라가 올바로 발전하려면 선생님부터 되찾아야 하지 않을까!

서울 교육위원회에서 1982년도에 펴낸 『現代社會와 敎育』이란 책을 보면 인간성 회복과 인간성 계발을 꾀하는, 인간 본위의 건전한 가치관 교육을 강조하고 있다.

그러나 현실은 조금도 나아진 것 같지가 않다. 비인간적 잔학행위는 오히려 불특정 대상을 노리는 알 수 없는 방향으로 치닫고 있다. 교사는 단순히 입시 지식을 전달하는 로봇에 불과하다. 스승과 제자 사이에 인간적 유대감 같은 것은 존재할 여지가 없다. 이러한 현상은 어떻게 보면 인간의 사고(思考)가 디지털화해 가는 과정의 당연한 결과라 할 것인가.

요즈음 정가에서는 노풍(盧風)이니, 이(李) 대세론이니 하는 말이 유행어처럼 되어 있다. 매사가 분명치 않을 때는 풍(風)이든 세(勢)든 그냥 맡겨 두는 것이 현명한 처사일는지 모른다. 그러나 그것이 자연 발생적인 순수한 것일까. 주도권을 잃지 않으려는 작위적인 술수가 빤히 보이지 않은가. 아무래도 디지털적 변화 같기만 하다.

상대방을 알고 나를 알면 백 번 싸워도 위태롭지 않다. '知彼知己 白戰不殆'라는 말이 있던가. 급변하는 시대일수록 빨리 그 실상을 파악하고 대처하는 지혜가 필요하다. 무고한 사람의 금품을 빼앗고 그것도 모자라 살해하고 뻔뻔할 수 있는 일이나, 선생님을 세워 둔 채 제자가 자리에 앉아 가는 일이나, 조작적인 풍이나 세의 공세로 국민을 혼란케 하는 일이나 이 모든 것이 상대방을 무시하고 저만 챙기는 디지털적 기능의 맥락이 아닌가.

춘추 전국시대의 병법이 디지털시대의 사회에도 손색없이 적용됨은 새로운 세대란 하늘에서 떨어진 것이 아니라 옛 것의 토대 위에 이룩된 것임을 말해주는 것이다. 오늘날 온고지신(溫故知新)의 교훈을 진지하게 되새겨야 할 때라는 생각을 해본다. (2002. 스승의 날)

자동차보험

서해안 고속도로 상행선으로 올라오던 중 졸음이 와서 갓길에 차를 세우고 눈을 부쳤다. 눈을 떠보니 50분 정도 경과한 것 같았다. 출발하려고 시동을 켜니 시동이 걸리지 않았다. 고속도로에서 시동이 걸리지 않으니 난감했다.

마음을 안정시키고 대처방안을 생각했다. 현대자동차 서비스센터가 떠올랐다. 그러나 현대자동차에서 이곳 고속도로까지 와서 A/S를 해줄지가 의문이었다. H보험회사 보험모집원 K씨가 떠올랐다. 그는 근 1년 동안이나 공을 들여 A보험에 가입해 있던 자동차 종합보험을 H보험회사로 옮기도록 한 분이기 때문이다. 그녀가 사고가 났을 경우 보험회사에서 모든 것을 책임지고 처리해 준다고 누누이 말했었다.

1건의 보험을 유치하기 위해서 최선을 다하는 보험회사측이 현대자동차보다는 친절하고 잘할 것이라는 생각이 들어 H보험회사로 전화를 걸었다. 고속도로에서는 자동차 수리를 할 수 없으니 고속도로 밖으로 견인하여야 하며 10㎞초과시 매 1㎞마다 2천원의 견인료를 물어야 한다고 친절하면서도 명료하게 안내해 주었다.

10분쯤 지나 견인차가 도착하였다. 암담하던 참에 구세주를 만난 것 같이 반가웠다. 그는 엔진을 만지면서 시동을 걸어보라고 하였다. 시동을 거니 여전히 발동은 걸리지 않았다. 쉬고 있는 사이 방전이 된 것 같다고 하였다. 그러나 그는 충전기가 고장이 나서 달려도 충전이 되지 않는 것이라며 이곳에서는 수리할 수 없으니 안산에 있는 현대자동차 서비스센터까지 견인해 가서 그곳에서 충전기를 교체해야 된다고 한다.

견인되어 가면서 불안하기 시작했다. 첫째는 충전기 고장이라는 것을 믿기가 어려웠다. 5만킬로 주행도 안 한 차인데 부품을 교체한다는 것은 있을 수 없는 일이라는 생각이 들었다. 멀쩡한 부품을 때어내고 폐차장에서 주워온 고물 부품으로 교체하고 신품 대금을 요구할 것이다. 뿐만 아니라 그곳 지리를 전혀 모르는 상태이기 때문에 과도한 견인료를 물어야 되는 것이 아닌가 하는 생각이 들어서였다.

서울쪽 요금소까지만 견인해 달라고 요구하였으나 그쪽으로 가면 자기차를 안산 쪽으로 돌릴 수가 없으니 그쪽으로 갈 수 없다는 것이다. 이 자와 입씨름하고 있을 때가 아니라고 생각되어 차를 세워 달라고 하고 그를 보냈다. 현대자동차 A/S센터에 전화를 했다. '충전기 고장이라고 하는데 이곳 공장까지 차를 견인해 와야 수리가 가능합니다.' 하는 것이 아닌가. 서로 짜고 수작을 부리는 것이 틀림없다는 확신이 생겼다. "당신 현대자동차 긴급출동 A/S팀 맞아?" 하였더니 맞다고 하였다. "사고를 접수하면 긴급출동하여 진단을 하고 거기에 따라서 처방을 해야지 보험회사와 한통속이 되어 움직이지도 못하는 차를 오라 가라 하면 어떻게 해요. 빨리 와서 상태를 점검해야 되는 것 아니요." 했더니 그때서야 가겠노라고 하면서 그곳까지 가려면 30분 정도 걸리니 그때까지 기다려야 된다고 말하며 전화를 끊었다.

30분 걸린다는 현대자동차 A/S차가 10분도 안되어 도착하였다. 우선 충전부터 해보자고 하였다. 1분도 안되어 시동이 걸렸다. 긴 악몽에서 헤어난 것 같았다.

현대판 고려장(高麗葬)

“집에서는 기어서라도 화장실을 갔는데 오줌줄도 달아놓고 기저귀를 채워, 하루 종일 꼼짝을 못하고 누워만 있으니 이게 어디 사람 사는 꼴인가.” 친척 되는 박 할머니가 요양원에 입원했다는 소식을 듣고 안부 전화를 했더니 박 할머니가 하는 하소연이다. 병원에 입원했던 할머니를 퇴원시켜 요양원으로 모셨다고 한다.

93살의 장 할머니가 계신다. 아들 내외가 직장을 가졌기 때문에 실내에서도 지팡이에 의지해서 기동하면서도 식사당번을 맡고 있다. 하루는 중학생인 손녀가 친구들을 데리고 집엘 왔었다. 애들이 이 방 저 방 구경하다 할머니 방문을 열려고 하자 손녀가 하는 말 “그 방은 가지 마. 할머니 방이야. 빙신이야. 더러워.”

옛날, 유년 시절 생각이 난다. 집은 본채와 사랑채로 되어 있었다. 사랑채에는 마구간과 방 두 칸이 있었다. 한 칸은 할아버지가 거처하셨고 한 칸은 일하는 사람 방이었다. 할아버지께서 만년에 중풍이 오게 되어 본채 큰방으로 모시고 그 방은 삼촌과 형님의 공부방이 되었다.

할머니는 농촌에 사셨지만 농사일을 모르는 분이셨다. 그래서 식모겸 농사일을 돌볼 사람이 필요했던 것 같다. 아버지가 13세 되던 해에 4살 연상인 어머니와 혼인시켰다. 할머니도 출산하셨고 어머니도 2년 터울로 출산하게 되니 식구가 매년 늘어나기 마련이었다.

큰방은 식당이요, 침실이요, 작업실이요, 놀이방이었다. 중풍 걸린 할아버지까지 모시게 되니 병실까지 겸하게 된 셈이다. 따뜻한 아랫목은 할아버지 할머니 차지요 윗목에는 애들이 이불 하나를 밀고 당기며 잤다. 수년간 병수발 하던 할머니가 돌아가시고 두 달 후에 할아버지가 돌아가셨다. 훗날 고모님이 가끔 말씀하셨다. 침을 질질 흘리는 할아버지가 먹던 과자 부스러기를 줘도 애들이 싫은 기색 하나 없이 잘 받아먹었다고.

박 할머니의 하소연이 마음에 걸려, 할머니 자녀들을 모아놓고 의논을 해보았다. 각자의 입장에서 의견들이 나왔으나 뾰족한 수가 없었다. 친척 되는 김 교장 이야기가 나왔다. 상배(喪配) 후 아파트에서 혼자 지내다 치매가 와서 농촌 큰아들 집으로 갔다. 바쁠 때는 고양이 손도 빌린다는 농촌 실정으로 밤낮 환자만 돌볼 형편이 못된다. 환자 혼자 골목길에서 넘어져 머리를 다친 후부터 말문이 막혀 고생하다 돌아가셨단다. 차라리 일찍 요양원으로라도 갔으면 그런 화는 면했을 것이라는 이야기다.

요즈음 핵가족 시대가 되면서 가족 풍속이 많이 바뀌었다. 부모와 같이 사는 경우가 별로 없다. 그러니 할아버지 할머니가 한식구가 아니라 딴 식구인 셈이다. 맞벌이 부부는 직장 가느라 바쁘고, 애들은 학교로 학원으로 가느라 항상 시간에 쫓긴다. 가족 간의 소통의 기회가 거의 없다. 가족간 정을 나눌 시간이 거의 없는 것이다. 가정에 수발을 들어야 할 노약자나 환자가 생기면 병원이나 요양원으로 갈 수밖에 없는 실정이다.

박 할머니께 이곳이 산이 가까워 환경도 좋고 병원 치료가 필요할 때 바로바로 치료 받을 수 있고, 여러 사람이 같이 있으니 적적하지도 않으니 불평하지 말고 요양원에 그대로 계시도록 타일렀다.

이번 일로 요양원은 현대판 고려장이 아니라 인간수명 백세 시대에 접어들면서 필요에 따라 자연발생적으로 생겨나는 사회 현상이라는 사실을 확인해주는 계기가 되었다.

임신부 살해범

강가 보행로로 내려가기 위해 둑방 계단을 자주 오르내린다. 해동이 되고 초봄이 될 무렵, 계단 중간쯤에 한 포기 가녀린 코스모스가 자라는 것을 보았다. 무심히 지나쳤으나 따사로운 햇볕을 받으며 10㎝정도까지 자라는 것을 보면서 관심을 가지게 되었다. 자세히 보니 뿌리를 내릴 곳이 없었다. 계단 난간 구석에 약간의 먼지가 있을 뿐이었다. 뿌리는 시멘트 바닥에 그대로 노출되어 있었다. 어디 지탱할 곳이라곤 없었다. 신기하기도 하고 애처롭게 느껴지기도 했다.

며칠 후, 그곳을 지나다가 깜작 놀랐다. 계단 옆 노지에서 자란 나팔꽃 넝쿨이 난간의 철봉을 두 바퀴나 감고 시멘트 계단까지 넘어와 코스모스의 허리를 칭칭 감고 있는 것이 아닌가. 이 나쁜 놈, 차디찬 시멘트 바닥에서 그 추운 겨울을 지내며 천신만고 끝에 겨우 생명을 지탱하고 있는 이 가엾은 코스모스를 괴롭히다니. 이런 놈은 다시는 이런 짓 못하게 뿌리째 뽑아버려야 해, 하는 생각으로 코스모스에 감긴 넝쿨을 조심조심 걷어내고 그놈을 뿌리째 뽑아 버렸다. 코스모스를 고사 직전에 구했다는 생각에 한갓 기분이 후련해졌다.

한동안 아침 운동을 못하다 일주일쯤 후에 그 계단을 내려가며 보니 코스모스가 거꾸로 쓰러져 있어 자세히 살펴보니 대여섯 되는 가지마다 꽃망울이 맺혀 있었다. 꽃망울의 무게를 버티지 못하고 쓰러진 것이 분명했다. 나팔꽃 넝쿨을 걷어낸 것이 화근이었다. 나팔꽃은 코스모스의 줄기를 타고 올라가 햇빛을 받으며 꽃을 피우고 코스모스는 나팔꽃 줄기에 의지하여 꽃봉오리의 무게를 지탱할 수 있게 하여 서로 공생하려 했던 것이다. 생태계에 이러한 깊은 뜻이 있음을 헤아리지 못하고 나의 얄팍한 상식으로 나팔꽃 넝쿨을 걷어내어 씨앗을 잉태한 코스모스를 죽게 하였다.

여섯 개의 줄기에 매달린 꽃봉오리 하나에 열 개씩 씨앗을 잉태했다 쳐도 60개의 생명을 몰살한 것이 된다. 조물주의 이러한 심오한 섭리 하나 재대로 이해하지 못하는 인간이 스스로를 만물의 영장이라 자처하며 인간 이외의 것은 하찮게 여기고 있으니 얼마나 잘못된 생각인가.

코스모스 몰살 사건을 경험하면서 스스로가 너무나 무지함을 절감했다.

장군 탓하기

여러 기능으로 나뉘어 있는 PC주변기기를 하나로 합친 복합기기가 요즈음 각광을 받고 있다. TV홈쇼핑에서 선전하는 것을 보니 기능에 비해 값도 비교적 싼 것 같아 주문을 하였다.

설명서에 따라 어렵게 설치를 끝내고 작동을 해보았다. 편리한 점이 많았다. 무엇보다 봉투를 인쇄할 수 있는 것이 좋았다. 몇몇 모임을 주관하면서 편지 봉투를 쓰는 것이 번거로웠는데 한결 편리했다. 그러나 몇 가지 문제가 있었다. 그림 스캔은 잘 되는데 문자 스캔이 제대로 안되었다. 판독하기가 어려울 정도로 문자가 깨져 나왔다. 그림과 문자가 혼합된 복합문서 인쇄도 시원치 않았다. 전혀 안 되는 것이 아니라 어떤 것은 되고 어떤 것은 안 되니 원인을 찾기가 어려웠다.

H사 소비자 상담실로 연락을 했다. 전화로 지시하는 대로 프로그램 조작을 해보았으나 소용이 없었다. 며칠 후 요원이 왔다. 스캔이

안 되는 것은 별도 프로그램을 설치하여야 한다고 하였다. 복합문서 인쇄가 안 되는 것은 복합기 문제가 아니고 PC본체에 문제가 있으니 일차적으로 운용 프로그램을 지우고 다시 깔아서 시도해 보고 그래도 안 되면 부품을 교체하여야 한다는 것이다. 그는 PC본체에 문제가 있다는 것을 확실하게 인식시키려는 듯 자기 컴퓨터를 가져오지 않아서 아쉽다며 다른 곳에서도 이와 같은 일이 있었는데 자기가 가져간 컴퓨터에 연결 시켜 보았더니 거뜬히 되더라는 말까지 하였다.

프로그램을 지운다는 것이 보통 문제가 아니다. 입력되어 있는 데이터를 복사해서 다른 곳으로 옮겨야 하는 그 작업이 쉬운 작업이 아니다. 전에 쓰던 PC도 비슷한 사유로 용산전자상가에 맡겼다가 결국 PC만 망가뜨리고 현재의 PC로 교체하고 말았다. 이번에도 함부로 맡겼다가 PC만 망가뜨리는 것이 아닌가 하는 의구심이 생겼다. A/S요원이라 해도 그들의 기술력을 믿을 수가 없다.

PC를 잘 아는 친척아이를 불렀다. 그의 판정은 이러하다. 문자 스캔이 안 되는 것은 문자 인식 프로그램을 설치하여야 하고 복합문서 인쇄가 안 되는 것은 사진을 스캔할 때 해상도가 높은 것은 복합기 용량이 모자라 받아들이지 못하는 것이라고 하였다. 해상도 200dpi로 스캔을 해보라고 한다. 해상도 200dpi로 스캔을 하니 복합문서도 인쇄가 되었다.

그것은 PC본체 문제가 아니었다. 복합기의 용량이 적정수준에 미치지 못하기 때문이었다. 문지 스캔이 잘 안 되는 것은 별도 프로그램을 설치하여야 하는데 그 프로그램 값이 복합기 값보다 비싸다. 그렇게 되면 배보다 배꼽이 더 큰 셈이다. 문제는 과대광고에 있었다. 30만 원대 복합기로는 그 이상의 성능을 바랄 수 없는 것이다. 그러함에도 다 잘되는 것처럼 광고를 하여 소비자를 현혹시키는 문제가 있다.

A/S요원이 기술 부족으로 모르고 한 것인지 알면서도 자기들 상품의 하자를 드러내지 않기 위해서 한 짓인지는 알 수 없으나 하마터면 말짱한 컴퓨터를 그들에게 맡겨 못쓰게 만들 뻔하였다. 조그마한 물건 하나 사는데도 이렇게 신경을 쓰고 마음고생을 해야 되니 큰 거래나 기업을 하는 데는 얼마나 많은 함정이 있으며 그 함정에 빠지지 않기 위해 신경을 써야 하는 것일까.

요즈음 사회가 너무 어지럽다. 국가, 정당, 기업할 것 없이 개혁을 외치고 있다. 그러나 그런 것들이 대부분 공염불에 그치는 것은 무슨 까닭일까. 문제는 법이나 제도 개선에 앞서 사람의 의식부터 바뀌어야 한다. 엄연히 검은 것인 줄 알면서도 당리당략에 얽매여 흰 것이라고 우겨대며 정쟁을 일삼는 정치판이나 자기네 제품의 하자를 알면서도 그것을 인정하지 않고 타사 제품 탓만 하는 기업체나 그 소행이 별로 다를 것이 없다.

농촌에서 분뇨를 운반하는 장군이라는 것이 있었다. 1미터 정도 길이의 나무통인데 입구가 몸통 가운데에 나 있다. 거기에 분뇨를 가득 채우고 지게를 진다는 것이 쉬운 일이 아니다. 원통으로 된 장군이 앞으로 기우는 것이 아니라 뒤로 당기고 내용물이 흔들리기 때문에 미숙한 지게꾼은 서너 발자국 못 가서 넘어지기 일쑤다. 자기의 기량이 부족함은 말하지 않고 장군이 잘 못되어 제대로 안 된다고 장군 탓만 하는 것이다.

우리 사회에 뿌리깊이 박혀 있는 장군 탓하는 버릇부터 고치는 것이 개혁의 첫걸음이 아닐까. 복합기 때문에 속을 썩이다가 엉뚱한 데까지 생각이 미친다.

4.

공자를 찾아서

피천득, 수필을 읽고

피천득은 1910년 5월 29일 서울에서 출생하여 2007년 5월 25일 97세를 일기로 타계하셨다. 1974년에 「인연」을 발표하고 절필하였다. 평생 그가 쓴 수필은 77편에 이른다. 대표작으로 우선 「수필」이라는 작품을 들 수 있고 「5월」과 「인연」을 꼽는다.

「수필」은 그 서두가 '수필은 청자연적이다. 수필은 난이요, 학이요, 청초하고 몸맵시 날렵한 여인이다.'로 시작된다. 이 작품이 교과서에 실림으로서 수필의 개념과 성격을 그와 같이 인식하게 되었고 오늘날까지 수필에 대한 하나의 전범(典範)이다시피 되어 왔다. 그러나 수필이란 사람마다 그의 개성에 따라서, 삶에 따라서 여러 가지 모습으로 표현되어야 하는데 수필을 청자연적이다. 난이요, 학이다, 몸맵시 날렵한 여인이다. 이렇게 정의하는 바람에 수필 발전을 지연시키는 요인이 되었다는 비판도 있다. 그러나 이 글은 한 작가로서 자기의 문학세계를 말한 것이요 스스로 수필 문학을 탐색하는 과정의 기록쯤으로 이해하면 되지 않을까.

「인연」은 만남과 이별에 대한 이미지를 완벽한 구성과 낭만적인 아름다움으로 형상화시킨 작품이라고 평가받고 있다. 아사꼬라는 여자를 세 번 만나는 이야기이다. 그러나 너무 완벽한 구성 때문에 작위적인 요소가 많다는 비판도 있다. 그 당시 일본으로 건너간 소위 조선 사람들은 고국에서 살아가기 어려워 벌어먹고 살기 위해 현해탄을 건넌 사람이 대부분이었다. 빈민굴에서 막노동으로 생계를 유지하다 보니 자연 범죄를 저지르는 사람도 생겼다. 일본인의 눈에 비친 조선 사람은 더럽고 미천한 사람으로 인식되어 그들이 지배하는 식민지 백성이라는 우월적 감정이 아니더라도 민족 차별이 심했던 것이다. 뿐만 아니라 남녀 7세 부동석이란 유교 사상 때문에 어려서부터 남녀가 스스럼없이 대하기가 극히 어려운 분위기였다. 소학교 1학년인 어린아이가 조선 청년의 목을 안고 뺨에 입을 맞추고 손수건과 반지를 이별의 선물로 주었다는 사실이 그 시대상을 아는 사람으로서는 얼른 납득하기 어려운 대목이다.

시어(詩語)를 말할 때 '논리의 초월'이라든가 '폭력적 결합'이라고 하여 동떨어진 것을 결합 시킨다던가 서로 다른 경험들을 한 질서로 이끌어내는 원인적(遠因的) 비유 등을 활용할 수 있다. 그러나 서사적 수필은 상상과 은유로 사건을 형상화함에 있어서 논리와 보편성이 결여되면 독자의 공명을 이끌어 내기가 어려운 것이 아닐까.

수필의 문학성

요즈음 문학 수필에 대한 논의가 한창이다. 수필인은 수필을 문학작품으로 인정 않는다며 불만이다. 왜 수필이 문학 작품이 아니라고 하는 것일까. 도대체 문학이란 무엇일까. 손쉬운 대로 국어사전을 펼쳐 보았다. '정서 사상을 상상의 힘을 빌려 언어 또는 문자로 표현한 예술작품'이라고 되어 있다. 서구에서 근대 낭만주의 이후에 문학의 의미로 사용되어온 literature의 번역어라고 한다. 일부 사람들은 여기에서 한 걸음 더 나아가 상상력에 초점을 맞추어 '은유와 상상으로 형상화한' 예술 작품만이 문학이라고 정의하기에 이르렀다. 결국 문학을 허구적인 것으로 한정하는 개념으로 시와 소설만이 문학이요, 수필은 문학이 아니라는 논리를 뒷받침 하는 공리(公理)가 된다고 할 수 있겠다.

여기서 우리는 오늘과 같은 문학의 개념이 확립되었다는 근대 낭만주의의 실체를 살펴볼 필요가 있겠다. 낭만주의는 18세기에서 19

세기에 걸쳐 고전주의에 반하여 일어난 문예사조를 말한다. 낭만주의의 사상적 기조는 루소와 칸트의 주관적관념론(主觀的觀念論)이라 할 수 있다. 루소(1712년~1778년)는 "나는 생각하는 것보다 먼저 느꼈다. 그것은 인간의 공통 운명이다."고 말하여 인간의 기본 성정이 이성보다 감성에 있음을 주장하였다. 칸트(1724년~1804년)는 공간과 시간이 객관적 실재가 갖는 형식이 아니라 전적으로 직관의 형식이라고 인식하였다. 칸트의 이와 같은 주관적관념론은 그의 미학에도 반영 되고 있다. 칸트에 있어서 예술의 주체(主體)는 예술작품을 아무런 모방 없이 창조할 능력이 있는 천재(天才)라고 하였다. 이와 같은 천재의 개념은 낭만주의 활동 전체에 파급효과를 미치게 된다. 모방된 작품은 기왕의 소재를 가지고 제작기술이나 노력을 통해 만들어낸 것이기 때문에 일종의 제작품(製作品)임에 반해서 천재의 소산은 창조물(創造物)이라는 이름에 합당한 예술작품(藝術作品)이라고 생각한다. 낭만주의자들에게 예술은 신적인 영감, 순간적 인상과 직관에 의해서 일상에서는 이해할 수 없는 실재의 깊이에 도달한다. 그들에 있어 상상력은 일상의 논리로부터 벗어나 자유롭게 사물의 내적 연관을 찾고 여러 가지 관념의 연합을 통해 환상과 꿈의 세계를 펼칠 수 있는 힘이라고 생각하고 이러한 상상력의 자유로운 유동이 뛰어난 존재가 독창력을 지닌 천재들이라고 하였다. 그래서 문학은 천재들만의 공유물이 되었다.

오늘에 있어서도 소설을 쓰는 사람들은 스토리는 한갓 소재에 불과하며 플롯(plot)을 통한 재구성이 있어야만 문학작품으로 빚어지는 것이라고 한다. 그 플롯이란 무엇일까. 알기 쉽게 말하면 거짓(허구)을 참인 양 독자를 속이는 장치들이라고 한다면 크게 틀린 말이 아닐 것이다. 사건의 배열(구성), 대화나 묘사, 인물, 배경 설정, 복선과 패턴, 시점 등 작가가 쓰고자 하는 주제를 상상으로 형상화하는데 동원된 기법의 종합이라고 할 수 있겠다. 허구를 실제인 양 인식 시키려는 도구들이다.

아주 옛날에는 문자가 없었다. 그래서 구전문학이 전해지고 있다. 문자가 생긴 후에도 긴 세월 그것은 일부 계층의 전유물이었다. 그때의 문학은 한가한 사람들이 풍월을 읊으며 여가를 즐기던 귀족문학으로 군림했었다. 그것은 문자가 일반화 되지 못하였던 시기였으므로 어쩌면 당연한 현상이었을지 모른다. 오늘 우리의 현실은 달라졌다. 의무교육 제도를 실시한 이래로 모든 국민이 쓰고 읽을 수 있게 되었다. 뿐만 아니라 정보화 시대를 맞이하여 사회 구성원의 의식구조가 바뀌었다. 정보화란 디지털화를 말하는 것으로 종래의 10진법적 사고를 2진법적 사고로 바꾸는 것을 의미한다. 연속성(아나로그)의 사고를 '0.1'의 토막적 사고로 바꾸는 것이다. 정보가 대량으로 양산되고 순식간에 퍼진다.

모든 사람이 읽고 쓰기를 쉽게 할 수 있는 오늘날에는 특정한 글꾼이 필요 없게 된 것이다. 각자가 삶의 현장에서 부딪치는 사건들 거기에서 느끼는 생각들을 진솔하게 엮어낸다면 허구로 엮어낸 글보다도 훨씬 더 실감하게 되고 감동을 받는 글이 되지 않을까. 허구를 소재로 한 소설보다 학병으로 끌려갔다 중국전선에서 일본군을 탈출하여 독립군에 합류했던 김준엽(金俊燁-高大총장 역임-작고)의 일본군 탈출기인 「장정(長征)」을 더 감명 깊게 읽었던 것은 그가 체험한 실화를 엮은 글이기 때문일 것이다.

어떤 사물에 대한 정의는 확정적일 수 없다. 왜냐하면 사물자체가 끊임없이 변모할 뿐 아니라 관찰의 시점이나 관찰자의 개성에 따라 인식되는 내용이 한결같지 않기 때문이다. 첨단의 영상산업이 세계를 지배하는 미디어의 영향력은 막강하다. 오늘 우리의 현실은 과거의 전통에 의존하는 문학과 전위적 변화를 추구하는 문학이 공존하고 있다. 한 시대에서 새로운 시대로 넘어가는 과도기적 현상이라 할 수 있겠다. 낭만주의 시대의 특성에 맞추어 만들어진 문학에 대한 개념이 새로운 시대에 맞도록 바뀌어야 할 시점에 왔다고 생각한다. 그리하여 수필인의 변두리 타령도 종지부를 찍어야 되지 않을까. 2008년에 초판을 인쇄한 한국문화예술위원회에서 엮은 『100년의 문화 용어사전』에는 문학을 '인간의 사상이나 언어 또는 문자로 표현한 예술, 또는 그런 작품'으로 표시하고 있다.

그러나 우리가 수필을 쓰는 자세에 전혀 문제가 없는 것은 아니다. 소설가의 소설 창작에 임하는 자세를 살펴봄으로서 반면교사로 삼을까 한다. 소설가의 소설 창작의 이유는 '인간과 인생에 대한 탐구와 역사적 현실을 투시하여 오늘의 인간이 어떻게 살아가야 하는가에 대한 해명과 인간 존재의 의미를 제시해 주려는 구원(久遠)한 '작가정신'의 발현 때문인 것이다.'라고 하였다.(조건상: 소설쓰기의 이론과 실제) 우리는 어떠한 '작가정신'으로 수필창작에 임하였을까. 본대로 들은 대로 느낀 대로에 치중하여 문학이 아닌 작문 쓰는데 안주하고 있었던 것은 아니었을까.

문학수필 논의의 핵심은 결국 현상과 본질의 문제로 귀착된다. 소설을 쓰는 입장에서는 현상(소재)은 소설(본질)을 쓰기 위한 자료에 불과하다. 본질은 찾아볼 수 없고 현상만을 늘어놓는 글이 어찌 문학작품(예술)이 될 수 있느냐는 것이다. 수필인도 왜 수필이 문학이 아니냐며 변두리타령만 할 것이 아니라 시, 소설, 희곡 등 문학 전반의 윤곽이라도 살펴서 그것들이 어떻게 독자를 감동시키는가 하는 그 요소들을 파악하여 체험담을 펼칠 때 그것들을 효과적으로 활용하여 수필의 예술화에 대한 부단한 연구와 노력이 있어야 할 것 같다. 아직은 수필의 과도기라 할 수 있을 것 같다. 수필에 대한 정확한 개념이 정립되어 있지 않다는 것이다. 따라서 수필을 평가할 기준이 모호하다. 평자에 따라 제각각이다.

어느 국어사전처럼 은유와 상상으로 형상화한 예술작품이 문학이라면 이 잣대에 맞는 수필은 존재하기 어렵다. 문학과 수필의 외연을 넓혀 수필이 설 자리를 마련하는 것이 문단의 과제가 아닐까.

(2014. 8.)

수필 입문

'시나 소설은 특별한 사람들이나 쓸 수 있는 분야일 것 같고 수필 정도는 작문 쓰는 식으로 쓴다면 되지 않을까' 하는 생각으로 수필 교실을 찾았다. 그런데 그 내용을 잠깐이나마 들여다보니 그렇게 만만치가 않다. '만약 어떤 분이 수필을 쓰려고 하며 무엇을 쓸 것인가? 그 대상을 또렷이 결정짓고자 한다면 그것은 이미 수필 정신에서 벗어난 오류입니다. 수필이 되는 대상은 내 마음속에 깃들은 모든 것입니다.(정봉구, 새로운 에세이 작법, p45)'라고 하여 우리의 일상생활에서 일어나는 모든 것을 소재로 마음 가볍게 쓰면 되는 것으로 되어있다. 그래서 그저 노변한담(爐邊閑談)을 하는 기분으로 마음 가볍게 쓰면 되는 것이구나 생각되어 어느 정도 자신감마저 생겼다.

그런데 다른 분의 이야기를 들어보니 그런 것만도 아닌 것 같다. '오늘날 마구 남발되는 수필들을 접할 때 실로 그래샴법칙(Thomas Gresham's law)을 실감하게 한다. 최소한의 문장력과 품위도 갖추지 못한 낙서를 그럴싸한 명사의 레테르를 붙여서 수필란을 장식하고 있는 실정이다. (중략) 수필이 이렇게 되고 보면 오늘날의 수필은 마치 직업소개소에 가까운 것이 되지 않을까?(윤병로, 수필춘추, p11)' 이 글은 바로 나에 대한 일갈(一喝)인 것 같아 얼굴이 화끈거리고 무슨 큰 죄라도 진 것 같은 기분마저 들었다.

여느 때와 달리 아침부터 서두르는 품이 수상쩍었던지 마누라가 기선을 잡을 양으로 "오늘은 저 하고 갈 때가 있어요." 한다.

"오늘은 안돼요. 내가 볼 일이 있어."

"무슨 일인데요?"

"공부하러 가야 돼요."

"아니 당신 나이에 무슨 공부는 해서 어디에 써 먹을 거에요. 공부를 해야 될 아이들은 공부 안하려 들고 공부 안 해도 될 사람은 공부한다고 핑계만 대니 원 참."

집사람이 당뇨가 있어 식후운동을 해야 된다는 의사의 권유에 따라 운동기구를 사러 가기로 약속한 지가 한 달이 넘었는데도 이 핑계 저 핑계 여태껏 못 가고 있었다. 오늘은 집사람이 앞장서서 서두르는데 또 공부 핑계로 이유를 대니 몹시 못마땅한 기색이었다.

일찍이 아리스토텔레스는 예술은 카타르시스(Katharsis, 排泄)라고 설파하였다. 생명이 존재하는 한 신진대사를 하여야 한다. 그 신진대사 과정의 하나가 배설작용(排泄作用)이다. 인간은 육체적 생리적 배설작용이 필요한 것과 같이 정신적 배설작용이 필요하다. 사유(思惟)하는 자 분출구가 필요하다고 하였던가. 육체에 혈액이 순환하는 한 그 가슴은 뜨거울 것이요 뜨거운 가슴이 있는 한 뜨거운 마음이, 뜨거운 감정이 용솟음칠 것이다. 그 뜨거운 마음을, 뜨거운 감정을 토해낼 분출구가 필요하다. 나는 그 분출구로 수필을 선택하였다. 무릇 육체적, 생리적 배설 작용에는 쾌감이 따른다. 배설치 않으면 고통이 따르고 배설하면 쾌감을 맛본다. 내가 수필을 쓰고자 함은 이 뜨거운 내재적(內在的) 감정을 표출치 않으면 가슴이 답답하고 고통스러우나 그것을 표출하면 쾌감을 느끼고 마음의 가져올 것이기 때문이다.

내재된 감정, 그것은 차라리 정돈되지 않은 그대로가 좋다. 그것은 너무나 순수하기에 거기에 색칠을 하고 질서를 세우고 의미를 부여할 필요는 없다. 그저 있는 그대로 표출하는 것이다. 사회 안에 있어서의 평화니 모랄리스트적(Moraliste的) 작가정신 따위는 소위 수필가에게 해당되는 이야기이고 지금의 나에게 해당되는 이야기는 아니다.

그러니 내가 쓴 수필은 문학이 될 수는 없을 것 같다. 왜냐하면 '문학이 예술의 한 분야요 수필이 문학의 한 부분이라면 수필은 문학이 지닌 의의와 특성과 가능성에 부합되어야 합니다. 그렇지 않으면 수필은 문학이 아닌 문학의 한 주변일 따름입니다.(이현복, 수필춘추, P248)'라고 하였기 때문이다.

마누라에게 이 나이에 왜 수필 공부를 해야 하는지 그것이 마누라의 운동기구를 사는 것에 견줄 만큼 중요한 것인지를 납득시킨다는 것은 내가 수필수업(隨筆修業)을 하는 것만큼이나 어려운 것 같다. 오로지 마누라가 납득할 수 있는 수준의 수필을 쓰는 것만이 그 지름길일 것 같다.

(1998. 수필춘추 가을호)

공자를 찾아서

곡부(曲部)는 역시 공자의 고장이었다. 곡부시로 들어가는 초입에서 우리를 맞이하는 것은 '공자열국행'을 형상화한 커다란 조형물이었다.

중국대륙을 서쪽에서 동쪽으로 흐르는 5,400킬로미터의 황하와 6,300킬로미터의 양자강유역에서 서로 다른 농경문화의 모습을 볼 수 있다. 건조한 황하유역의 밭농사 지대와 습기가 많은 양자강유역의 논농사 지대가 확연히 구분된다. 이른바 북맥남도(北麥南稻)란 말이 생겨난 연유이다. 두 거대한 하천이 중화문화의 요람이 되었다고 할 것이다.

일조에서 곡부까지 세 시간 반을 달리는 동안 논이라고는 볼 수가 없었다. 이어지는 구릉지의 산중턱까지 계단식 밭을 일구어 놓았다. 이곳 농민들의 고단한 생활상을 짐작케 한다. 밀과 땅콩이 주산물이라고 하였다. 모두가 건조하고 척박한 땅에서 재배되는 작물이다.

곡부가 지금은 조그마한 지방의 중소도시에 불과하지만 고대로

거슬러 올라가면 중국 동방문화의 중심지였다고 한다. 1930년에 산동성 북부의 룽산(龍山)에서 알 껍질처럼 얇고 단단한 흑색 토기를 발견하였다. 이 토기를 중심으로 하는 '룽산문화'는 약 4천 년 전에 시작되었고 황하의 중하류로 확대되었다는 사실이 밝혀졌다. 이 척박한 땅이 어떻게 일류문명의 발상지가 되었을까. 곳곳에 수량이 많은 황하의 지류가 뻗어 있고 황하가 실어 나르는 황토가 그 밑거름이 되었으리라 짐작해 본다.

주나라 무왕이 상(商)을 멸하고(기원전 1046년), 일족과 공신들에게 땅을 나누어 주어 제후로 봉했다. 이때 그의 아우 주공 단(旦)을 곡부 땅에 봉하여 노곤(魯公)이라 불렀다. 곡부가 노(魯)나라의 수도가 된 연유이다. 뿐만 아니라 중화민국의 기원으로 여기는 5제중의 한 분인 황제(皇帝)의 출생지이며 고대 제왕의 묘인 소호릉(少昊陵)이 있는 것으로 미루어 옛 중화문화의 중심지였음을 짐작케 한다. 그러한 중에서도 곡부를 가장 빛내는 문화유산은 삼공(三孔)이라 부르는 공묘(孔廟), 공부(孔俯), 공림(孔林)이라고 하여야할 것이다.

곡부는 옛 노(魯)나라의 수도임을 말해 주듯 높은 성곽으로 둘러싸여 있다. 성곽 밖으로 인공 못인 해자(垓字)를 만들어 외적의 침입에 대처하고 있다. 우리나라는 주로 산성이 많아 해자를 보기 어려우나 일본의 성(城)들도 성벽 외곽에 해자가 있는 것이 중국의 성과 유사점이 있다고 느꼈다.

성문에서 공묘까지 곧게 뻗은 도로변에는 해묵은 향나무가 늘어서 있다. 뿐만 아니라 모든 정원수도 향나무 일색이다. 공자가 향나무 밑에서 제자를 가르쳤기 때문이라고 안내원이 일러주었다.

공묘(孔廟)

공묘는 공자를 제사 지내는 사당이다. 곡부시 중심에 있다. 공자가 기원 전 479년에 서거하자 그 이듬해에 노(魯)나라 애공(哀公)이 공자가 살던 집을 사당으로 만들고 위패를 모셨다. 한나라 무제(武帝)가 조명(詔命)을 내려 묘당을 크게 개축하였고 그 후부터 청나라 목종(穆宗)때까지 역대 황제들이 중수를 거듭하여 현재의 모습을 갖추게 됐다고 한다.

이 공묘의 본전 건물인 대성전(大成殿)은 자금성 주전인 태화전(太

和殿)과 태산에 있는 대묘(岱廟)의 천황전(天貺殿)과 더불어 중국의 3대(三大) 고건축물(古建築物)로 꼽히는 웅대한 전각이다.

대성전은 28개의 돌기둥으로 떠받쳐져 있다. 그중 10개의 돌기둥에는 용신(龍身)을 조각해 놓았다. 생동하는 모습이 금세라도 뛰쳐나올 것 같은 느낌을 준다. 황제가 이곳에서 제사를 지낼 때는 황색 비단으로 둘러쌌다고 한다. 용기둥의 기세가 황궁보다 드세어 황제의 기분을 상하게 하지나 않을까 하는 염려에서였다. 공묘의 정문에 해당하는 금성옥진방(金聲玉振坊)에서 대성전에 이르는 사이에는 영성문(欞星門), 성시문(聖時門), 홍도문(弘道門), 대중문(大中門), 동교문(同交門) 등이 이어져 있고 이곳에 규문각(奎文閣)이 있다.

이 일대에 13개의 비정(碑亭)이 있으며 그 뒤에는 공자가 제자들에게 학문을 가르쳤다는 행단(杏壇)이 있다.

대성전 뒤에는 공자의 부인 기관씨(丌官氏)의 위패를 모신 침전(寢殿)이 있고 그 뒤편에 공자의 일대기를 그려 대리석에 조각한 성적도(聖蹟圖)를 안치해 놓은 성적전(聖蹟殿)이 있다.

공부(孔府)

공부는 공묘 동쪽에 있었다. 연성공부(衍聖孔府)라고도 한다. 공자 종손(宗孫)이 거주하는 집이다. 역대 제왕이 공자를 존중함과 동시에 그 자손을 매우 중요하게 여겼다. 특히 한나라 때부터는 높은 벼슬을 주었고 송대(宋代)에 와서 연성공(衍聖公)이라는 세습 작위까지 수여했다. 이후 중화민국 시대에 이르기까지 8백여 년간 그 작위가 세습되어 중국 역사상 가장 오래된 세가(世家)가 되었다.

이 장원(莊園)의 전반부는 공무를 집행하는 관아(官衙)가 있고 후반부는 460개의 방을 가진 주거 지역과 후화원(後花園)이라는 정원으로 이루어져 있다. 후원은 가산(假山: 인공으로 조성한 산), 연못, 정자, 기암괴석 등으로 조성되었다. 73대 연성공이 운석을 후원에 옮겨다 놓은 후부터 철산원이라고도 불렀다. 성부(聖府)라는 편액이 달린 첫 번째 문을 통과하면 두 번째 문인 중광문(重光門)이 나온다. 예문이라고도 하는 이 문은 평상시에는 여는 일이 없고 황제의 조서를 받을 때나 황제가 왔을 때 혹은 중요한 제사를 거행할 때에만 연다고 한다.

중광문 양편에는 동서로 3개청씩 6청(廳)이 있어 공부의 여러 가지 업무를 처리하던 관아(官衙)가 있다. 그 안쪽에는 내, 외당을 구분 짓는 금문이 있어 옛날에는 엄격하게 금지되었음을 알 수가 있다.

금문을 들어서기 직전 문 서쪽 담장으로 불쑥 튀어 나온 이상한 구조물이 있었다. 그것이 무슨 역할을 하는지 알고 있는 일행은 아무도 없었다. 많은 사람이 우편물 투입구 같다고 한다. 그것은 내당으로 물을 공급하는 장치라고 하였다. 물은 나르는 남자도 금문을 들어갈 수는 없었다. 이곳에 물을 부으면 안에서 하녀가 받아 날랐을 것이다.

내 택 구역으로 들어서면 정면에 전상방(前上房)이라는 건물이 나온다. 이곳은 공가의 친척들을 접대하고 혼례와 상례를 치르던 곳이라고 한다. 전상방안 마당 네 모서리에 똑같은 모양의 꽤 무거워 보이는 돌 4개가 놓여 있다. 이름은 각석(脚石)이라고 하였다. 연회를 베풀고 여흥을 즐기기 위해 불러온 광대들의 발목을 붙잡아 매던 돌이란다.

전상방 뒤 안쪽에 후당루(後當樓)가 있다. 공부 최후의 연성공으로 대만으로 피신한 공덕성(孔德成) 부부의 거실이었던 곳으로 결혼 때 쓰던 가구와 물건들이 그대로 진열되어 있다. 동로에는 5칸의 모은당(慕恩堂)이 있다. 공자의 72대 손인 공헌배(公憲培)와 그의 부인 우씨(于氏)를 제사 지내던 곳이다. 우씨 부인은 원래 청나라 건륭황제(乾隆皇帝)의 딸인데 성인 집안인 공자 후손에게 시집보내기로 하였으나 당시 만주족과 한족 간에 통혼할 수 없도록 되어 있어 한족 신하인 우민중(于敏中)의 양딸로 삼게 한 뒤 출가 시켜 우씨 성을 갖게 되었다고 한다. 역대 황실의 공자에 대한 예우가 어떠하였는지 그 실상을 짐작케 한다.

공묘와 공부 사이에 공자가 생전에 살았다는 궐리고택(闕里古宅)이라는 집터가 있고 공자 시대부터 있었다는 우물이 보존되어 있다.

공림(孔林)

공림은 지성림(至聖林)이라고도 한다. 곡부시의 서북쪽 1킬로미터 남짓 떨어진 곳에 있었다. 공자 일가의 가족 묘지다. 노(魯)나라 애공(哀公) 16년에 공자가 사망하자 노나라 도읍 북쪽 사수(泗水) 위쪽인 현 위치에 매장하였다. 그 후부터 자손들이 죽으면 이곳에 매장했다.

서한 시대의 총면적은 6만 평방미터였으나 국가에서 공자 사상을 중시하게 되면서 묘지를 국가에서 보호하였다. 공림은 점점 크게 되어 명(明)대에는 120만 평방미터, 청대경희 년대에는 200만 평방미터로 늘었다. 공자로부터 80여 세대(世代)까지의 묘가 있고 그 무덤은 10만여 좌가 된다고 한다. 공림 둘레의 담 길이가 7,250미터라고 하니 가히 그 넓이를 짐작할 만하다. 세계에서 가장 오래되고 규모가 큰 풍부한 매장문화가 있는 가족묘지라고 하겠다.

공자 묘(墓)에는 비석이 두 개가 있었다. 앞쪽의 '大成至聖文宣王墓'라고 기록된 비석은 명나라 정통 8년(1443년)에 59대 연성공 공언진과 58대손 공공당이 세웠다. 뒤쪽에 있는 '宣聖墓'라고 기록된 비석은 원대(元代, 1244년)에 51대손 공원조가 세웠다.

공자 묘, 서쪽에 '子貢廬幕處'라고 쓴 표석 뒤에 조그마한 건물 하나가 있다. 사기에 공자가 서거하자 제자 자공이 묘 옆에 움막을 짓고 6년간 상(喪)을 입었다고 기록하고 있다. 이를 기념하기 위해 명대 가정(嘉靖) 2년(1523년)에 자공여막처(子貢廬幕處)를 지었다.

공자를 찾아서

공자를 찾아 그의 출생지이며 주 활동 무대였던 곡부시를 헤맸으나 생전의 그의 체취를 느껴보기는 어려웠다. 공묘나 공부, 공림의 모든 것들은 후세 사람들이 그들의 필요에 의해서 만들어 놓은 것에 불과했다. 유일하게 남아 있었던 공자고택정(功者古宅井)마저도 위치는 옛날 그 우물터인지는 몰라도 2,500년 전 그대로의 모습이 아니었다. 2,500년이란 세월의 저 너머가 아스라하게 신기루처럼 느껴질 뿐 손에 잡히는 것이라곤 찾아볼 수 없다.

지금으로서는 중국 전한(前漢) 시대의 역사학자 사마천(司馬遷)이 쓴 사기(史記) 속의 공자세가(孔子世家)에서 그의 편린이나마 찾아볼 수밖에 없다. 공자는 중국 주나라 말기인 기원전 551년부터 기원전 479년까지 살았던 인물이다. 춘추전국시대 약소국이었던 노(魯)나라 창평향 추라는 곳에서 태어났다.

공자의 조상은 은(殷)나라 마지막 군주 주(紂)의 이복형 미자계(微子槩)의 후손으로 알려져 있으나 이론이 있다. 공자의 아버지는 숙량흘(叔梁紇)로 노나라의 하급 무사였다. 숙량흘은 딸 아홉에 몸이 성치 않은 아들 하나가 있었다. 성치 않은 아들이 시원치가 않아 아들을 얻기 위해 70이 다된 나이에 16세인 안징재(安徵在)와 사이에 공자를 얻게 되었다. 이 일을 사마천의 '공자세가'에서는 '야합해서 낳았다.(野合而生)'라고 기술하고 있다.

공자는 나면서부터 머리의 중앙이 들어가고 나온 데가 있어 언덕같이 생겼다고 해서 이름을 구(丘)라고 했고 자를 중니(仲尼)라고 했다. 공자 나이 3살 때에 아버지가 세상을 떴다. 공자는 아버지를 잘 모르고 자랐으며 커서도 아버지 묘소를 몰랐다. 어머니가 돌아가셨으나 아버지 묘소를 알지 못하여 노성(魯城)의 대로 옆에 오부지구(五父之衢)라는 곳에 가매장 하였다. 후에 마을 노파에게 들어 방산(防山)의 아버지 묘소를 알고는 그곳에 합장하였다.

공자는 어린 나이에 아버지를 여의고 남의 집 창고나 정원을 관리하기도 하고 가축을 돌보기도 했다. 공자가 평범한 사람임을 알 수 있는 대목이다. 그러면서도 15세(志學)에 학문에 뜻을 두기 시작하였으나 특별한 스승은 없었다. 19세에 기관씨(丌官氏)의 딸과 혼인하고 20세(弱冠)에는 창고지기를 시작으로 관직에 나갔으나 곧 물러났다.

당시 노나라는 정치 상황이 몹시 혼란하여 35세 되던 해에 비교적 안정된 제(齊)나라로 가서 여러 해 동안 머물렀다. 노나라 정공(定公)이 즉위하자 노나라로 돌아왔다. 노나라로 돌아온 공자는 더욱 학문에 정진하여 40새 경에는 세상의 어떤 유혹에도 흔들리지 않는 이른 바 불혹(不惑)의 경지에 이르렀고 50세에는 세상의 모든 진리와 우주 만물의 근원까지 이해하는 지천명(知天命), 학문의 완성단계에 이른다.

이후 현실 정치에 적극적인 뜻을 갖게 된 공자는 52세에 중도재(中都宰)의 관직(중도현의수령)에 올랐으며 54세에 노나라의 대사구(大司冠:법무장관)가 되었다. 그러나 향락에 빠져 정사를 돌보지 않는 노나라 정공과 계환자에 실망하고 노나라를 떠나 14년간 조, 위, 송, 정, 진, 채, 초등 여러 나라를 떠돌아다녔다. 자신의 이상 정치를 실현할 군주를 찾았으나 실패하고 노나라로 돌아와 제자를 가르치고 학문과 저술에 전념하였다. 제자가 3천여 명에 이르고 그중 6예(藝, 禮, 樂, 射, 御, 書, 數)에 통달한 사람이 72명이었다고 한다.

공자는 또한 『시경』을 편찬하여 악을 제정하였고 역경(易經)을 주석(註釋)하였으며 242년간의 역사를 '옳고 그름'이라는 관점에서 다시 기록한 『춘추(春秋)』를 저술하였다. 『춘추』는 노은공(魯隱公: 기원전 722년)에서 시작되어 노애공(魯哀公) 14년(기원전 481년)에 이르기까지 노나라의 12군주 치세 동안의 역사를 기록한 것이다.

공자가 72세 때 위나라에서 벼슬을 살던 자로가 죽었다. 그 일로 상심 끝에 공자가 병석에 눕게 된다. 그 이듬해 노애공 16년 기원전 479년 4월 기축(己丑)일 공자 나이 73세를 일기로 세상을 떴다.

제자들은 모두 3년간 상복을 입었다. 오직 자공만이 여막(廬幕)을 짓고 6년을 지키다가 고향으로 돌아갔다.

사마천(司馬遷)은 중국 전한시대(前漢時代)의 역사학자이며 섬서성(陝西省) 하양(夏陽) 출신이다. 태자공(太子公) 또는 태사공(太史公)이라고 높혀 부르기도 한다. 출생연대는 기원전 145년 또는 135년이란 설이 있다. 사망연대는 확실하지 않다.

사마천이 『공자세가』를 집필하기 위해서 노나라로 직접 가보았다고 한다. 그래서 중니(仲尼)가 살던 집, 그가 타던 수레, 입던 옷, 예에 썼던 그릇들을 다 보았다. 그는 공자 사(死)후 400년 만에 곡부를 보았고 우리는 2,500년 만에 보는 곡부는 그 실체를 파악하는데 많은 차이가 있을 수 있겠다.

사마천의 『공자세가』가 '열전에 편입되지 않고 세사에 편입된 사실만 보아도 명백한 케리그마를 가지고 있다는 것을 입증하는 것'이라는 주장에 동의하지 않는다 하더라도 공자에 대한 논의는 앞으로도 계속될 여지가 충분히 있다는 생각을 하게 된다.

파도잡기

'수필과 비평'사 주최 1999년도 신인상 수상식 및 문학세미나에 정봉구 교수님과 동행하기로 하였다. 2000년을 맞이하여 1월 13일~14일 2일 일정으로 강릉 관광호텔에서 열리는 문학 행사다.

정교수님을 7시에 창동역에서 만나기로 하였다. 좀 여유 있게 나가려니 하고 있었다. 그런데 아침식사를 하고 가야 된다는 집사람 성화에 식사를 마치고 시간을 보니 이미 6시 45분을 넘고 있었다. 1호선 플랫폼에서 떨고 있을 교수님의 모습이 뇌리를 스쳐 갔다. 정신없이 옷을 챙겨 입고 달렸다. 창동역에 가보니 7시 08분 전, 겨우 안도의 숨을 내쉬고 교수님을 찾았으나 안 계셨다. 정시에 교수님이 오셨다. 회비를 내기 위해 호주머니를 뒤졌으나 동전 한 푼 없었다. 다급히 옷을 입느라 돈을 챙기는 것을 잊었던 것이다. 다행히 은행카드는 가지고 있어 현금인출기에 밀어 넣었으나 8시부터 작동한다는 메시지만 나왔다. 할 수 없이 회비는 외상으로 하기로 양해를 구했다. 8시에 출발하는 강릉행 열차에 일행과 함께 탑승하였다.

정선을 지나 태백에 이르니 산과 들은 온통 하얀 눈으로 뒤덮여 있었다. 미시령에 교통이 두절되고 설악산 일대에 폭설경보가 내렸다는 기상예보가 있었으나 눈은 오지 않았다. 서울에서 강릉까지 7시간이 걸린다는데 놀랐다. 강릉행 열차를 처음 타본 것은 통리와 도계간 낭떠러지를, 여행객은 도보로, 화물은 일종의 케이블카 같은 것으로 운반하던 그 시절이었다. 그리고 이번이 두 번째 여행이다. 통리- 도계간 낭떠러지는 예전과 달리 전진후진의 지그재그 운행방법으로 해결하고 있었다. 이 간단한 원리를 깨닫지 못하고 왜 그렇게 불편하게 운행을 하였을까. 이치란 깨닫고 보면 간단하고 쉬운 것이나 그것을 깨닫기까지가 어려운 것 같다.

서울 - 부산 간 고속도로가 생겼을 때 고속버스 터미널 바로 앞에서 살았었다. 그래서 지방 여행은 주로 고속도로를 이용하게 되고 기차하고는 거리가 멀어지게 되었다. 보통 때 자동차로 세 시간 남짓 걸리는 강릉을 7시간이 걸린다는 것은 좀 심하다는 생각이 든다. 더욱이 겨울철에는 폭설로 육로 교통이 두절되는 일이 비일비재한 사정을 생각하면 지리적 여건을 감안하더라도 서울-영동간 직선 전철을 부설한다던가 하는 대책이 있어야 되겠다는 생각을 해 본다.

일행은 오후 3시가 좀 지난 후에야 강릉관광호텔에 도착했다. 4시쯤 행사는 시작되었다. 행사장이 넓지는 않았으나 입추의 여지가 없을 정도로 만원이었다. 부산, 대구, 전주 등에서 올라온 회원들이 었다. 수도권에서 간 회원만도 60여 명이었다. '수필과 비평'은 군산의 한 독지가 후원으로 유지되는 격월간지라고 하였다. 동행한 정 교수께서는 책임 심사위원 자격으로 심사평을 발표하였다.

밤에는 바닷가에 있는 대형 나이트클럽에서 댄스파티가 있었다. 관광지답게 나이트클럽의 규모가 파격적으로 컸다. 천장에는 뼈대가 그대로 노출되어 있는 것으로 보아 해변 공터에 가설된 건물인 것 같았다. 곡마단의 가설극장을 연상케 하였다. 어지럽게 돌아가는 조명, 고막이 찢어질 것 같은 파열음이 장내를 압도하고 있었다. 무슨 노래인지 멜로디는 분간할 수 없고 쿵쾅거리는 박자만을 인식할 수 있었다. 백여 명이 넘는 인파가 그 박자에 맞춰 움직이고 있었다. 남녀노소 가릴 것 없이 움직이고 있었다. 그것은 마치 꼭두각시의 무리가 움직이는 것 같았다. 제멋대로 뛰고 흔들고 정신없이 돌아가는 모습은 광란 그것이었다.

몇몇 일행과 함께 파티장을 뒤로하고 바닷가로 나왔다. 소금기 섞인 차가운 바닷바람이 온몸을 스치니 기분이 한결 상쾌해졌다. 넘실거리던 시커먼 파도가 해변을 스치면서 하얀 포말을 일으키며 밀려왔다가 물러가곤 하였다. 파도가 밀려오고 물러가는 것은 규칙적이 아니었다. 어떤 놈은 밀려가는 물결과 맞닥트려 높이 솟았다가 쓰러지면서 빠른 속도로 다가왔다가 물러가는가 하면 어떤 놈은 그저 소리 없이 밀려 왔다가 살그머니 물러나는 놈도 있다. 모처럼 동심으로 돌아가 파도 잡기를 하였다. 물러가는 파도를 따라가다 그 파도가 밀려올 때쯤 잽싸게 빠져나오는 놀이였다. 파도가 물러갈 때 나타나는 하얀 모래사장은, 치마폭 속에 숨겨진 여인의 하얀 허벅지를 연상케 하였다. 우리는 바다의 비밀스러운 곳에 접해 보려는 듯, 물러나는 파도를 바짝 따라갔다가는 재빨리 뛰쳐나오곤 하였다. 좀 더 깊숙이 따라 들어간 친구는 예외 없이 밀려오는 파도에 발목이 잡히곤 하였다.

바닷물이 점점 차올라올수록 파도소리는 더욱 요란해졌다. 모래사장에 부딪치는 파도가 사나와졌을 뿐 아니라 바닷가 크고 작은 바위틈에 부딪치는 파도는 요란한 굉음을 내며 하늘로 치솟았다가는 물러나곤 하였다. 그것은 마치 육지에 씻을 수 없는 한이 맺힌 바다가 정신없이 밀려와 온몸으로 부딪치고 피투성이가 되어 물러나곤 하는 것 같았다. 그것은 제 정신으로 하는 짓이 아닌 것 같았다. 그것은 광란이었다. 바다의 광란이요 자연의 광란이었다.

바다는 광란이 있음으로 바다인 것이다. 바다가 거센 파도가 없으면 그것은 바다가 아니라 호수인 것이다. 어쩌면 쉼 없이 밀려와 부딪치는 저 파도는 끊임없이 움직이는 바다의 생존활동일지 모른다.

밀려오는 파도에 발목이 붙잡혀 바닷물에 흠뻑 젖어 벌컥거리는 신발을 이끌고 클럽으로 되돌아 왔다. 그곳에는 인간들의 광란이 아직도 계속되고 있었다. "다들 제 정신이 아니구먼, 미쳐도 한참 미쳤어." 사뭇 경멸하는 투로 박선생이 혼잣말처럼 뇌까리고 있었다. 그러한 그를 이끌고 그 무리 속으로 들어가며 그의 귀에 대고 큰소리로 외쳤다. "저게 인간의 참 모습이라고!"

글 쓰는 사람들의 행사가 세속적이라 실망스럽다는 비평이 있다. 글도 사람이 쓰는 것일진대, 저 광란이, 광란이 아니라 일상의 허상에서 탈피해 모처럼 제 모습으로 돌아온 인간의 참 모습이 아닐까.

벽해상전(碧海桑田)

처음 군산 여행을 했을 때는 열차가 금강을 건너지 못 했다. 서천군 장항이 종점이었다. 군산을 가려면 나룻배를 타고 건너야 했다. 시내 요지에는 일본식 목조건물이 많았다. 일제 강점기 군산은 김제・만경 평야의 곡물을 일본으로 수탈해가는 관문이었다.

그로부터 수십 년이 지난 오늘, 군산은 몰라보게 변해있었다. 그런 현상을 어느 분은 천지개벽이라고 하였으나 새만금 간척지를 구경한 나는 상전벽해가 아니라 벽해상전(碧海桑田)이라 표현하는 것이 적절하다고 생각했다.

2016년 4월 29일 군산에서 개최되는 '제16회 수필의 날' 행사에 참석하기 위한 일행을 태운 버스가 08:30 서울 사당동을 출발했다. 일행은 버스 6대에 분승한 대가족이었다. 날씨도 쾌청하고 교통도 비교적 원활하여 정시에 목적지에 도착할 수 있었다. 금강은 나룻배가 아닌 금강대교로 통과하여 11:30 금강철새조망대에 도착했다.

조망대는 360도 회전하여 금강 일대의 다양한 철새를 관찰할 수 있게 설계되었고, 조류공원 부화체험장 등 생태교육장소로도 활용하고 있다고 한다. 다음은 채만식(蔡萬植1902~1950) 문학관을 관람했다. 채만식은 군산시 임피면 읍내리에서 출생, 서울중앙고등보통학교(현 중앙고등학교)를 거쳐 1922년 일본와세다고등학원 문과에 입학, 1924년 동 학원을 중퇴했다. 장편 탁류(1937.10.12~1938.5.17 조선일보에 연재)를 비롯한 많은 작품을 남겼다. 채만식문학관을 관람하며 느끼는 것은 군산에서 시인 고은에 대한 언급이 전혀 없었다는 것이다. 일반인들이 채만식, 문효치 이사장이 군산 출신이라는 것은 몰라도 고은 시인이 군산 출신이라는 사실은 대부분 알고 있다. 노벨상 후보로까지 언론에 오르내리고 있는 분을 군산인들이 외면하는 이유가 아리송하다.

개정면에 있는 계곡가든에서 간장게장으로 점심을 마치고 근대역사박물관으로 향했다. 근대역사박물관은 3층으로 되어 있고, 1층은 로비, 해양물류역사관, 어린이박물관, 2층은 특별전시관, 근대사 관련 자료실, 3층은 근대생활관, 기획전시실(분기별 테마전시)로 되어 있었다.

오후 4시, 군산예술의전당 소극장에서 시인이며 수필가인 전영구의 사회로 '수필의 역사를 짓다'를 주제로 한 제16회 수필의 날 전국대회를 개최하였다. 국민의례에 이어 지연희 회장의 개회인사 및 내빈소개가 있었고, 군산시장을 대신한 부시장, 김철규(문협군산지부장)의 환영사, 윤재천 현대수필학회회장의 수필의 날 선언문 낭독,

올해의 수필인상 시상(수상자: 신택환, 염정임), 문효치(한국문인협회 이사장), 이상문(국제펜클럽 한국본부 이사장), 이성일(전북도의회건설문화위원장)의 축사로 이어졌다. 작은 음악회, 수필낭송으로 이어지는 행사가 끝날 때까지 병마에 시달리던 몸으로 딱딱한 의자에 앉아 버티기가 지루하고 힘들었다. 대회가 끝나자 얼씨구나 하고 일어나 나오기에 바빠 카메라를 의자에 둔 채 나와 버렸다. 숙소에 와서야 그 사실을 확인했다. 다행히 회원 한 분이 습득하여 되찾게 되었다.

다음날 30일에는 군산시 옥산면 남내리에 있는 한국문인협회 문효치 이사장 생가를 방문했다. 야트막한 능선으로 둘러싸인 아늑한 분위기의 남향집이었다. 80년에서 100년쯤 되었다는데 4각기둥의 3칸 겹집은 그 시절 농촌 집으로서는 상류층에 속하는 집이라는 생각이 들었다. 특히 넓은 마당이 인상적이었다. 다음으로 새만금 방조제 군산쪽 시발지인 비응항에서 월명유람선을 이용, 고군산군도를 일주하는 해양관광에 나섰다.

고군산군도의 원래 이름은 섬들이 많이 모여 있다고 해서 그냥 군산이었다. 조선조 세종 때 이곳에 있던 수군 진영인 군산진(群山鎭)을 육지로 옮겨가서 현재의 군산이 되었고 이곳엔 옛고(古)자를 붙여 고군산이라고 했다.

고군산군도는 방조재 중간쯤에 있는 야미도에서 시작, 신시도 무녀도 장자도 관리도 방축도 명도 말도로 이어지는 섬들을 아우르는 이름이다. 일본의 본토, 시고꾸, 큐슈로 둘러싸여 일본의 지중해라 불리는 새토나이카이(瀨戶內海)를 연상케 한다. 신시도 무녀도 장자도까지는 연육교로 연결되어 자동차 통행이 가능할 것으로 여겨진다. 섬에 내리지 못하고 주마간산으로 끝난 것이 몹시 아쉬웠다.

수백 명의 인원을 동원하고 기획한 지연희 회장을 비롯한 운영요원 여러분의 노고에 깊은 감사를 드린다. 그러나 지연희 회장이 내세운 '대한민국수필문학관' 건립 사업은 한두 사람의 이상만으로 이루어지기 어려운 일이다. 4천여 명이라는 수필분과 등록 회원만이라도 이에 대한 공감대를 형성하고 회원 각자가 주인의식을 가지고 적극 참여하여야 가능한 일이 아닐까. 그러기 위해서는 전체 회원을 아우르는 적극적인 지도 방안을 모색해야 되지 않을까 하는 생각을 해본다.

선불 맞은 산비둘기

아스라이 깎아지른 벼랑에 지그재그로 된 계단이 사다리처럼 걸려있다. 계단을 만드느라 꽤 많은 공력을 들인 것 같다. 가쁜 숨을 몰아쉬며 올라가 보니 하늘을 찌르듯 높이 솟은 충혼탑이 버티고 있다. 시인(詩人)인 K교수가 보성의 부용산을 답사하자고 하여 그렇게 하기로 하였으나 K교수의 사정으로 차일피일 늦어지고 있었다. 그러던 중 그쪽 지방에 볼일이 생겨 가는 길에 혼자서라도 부용산을 답사하기로 한 것이다.

K교수가 부용산을 답사하기로 한 것은 비운의 시인 박기동 선생의 시비를 보기 위해서라고 하였다. 박기동(朴機東)은 일본 간사이(關西)대학에서 영문학을 전공하고 일본의 침략전쟁이 한창이던 1943년에 귀국 벌교 남초등학교에서 교편을 잡았다. 해방이 된 이듬해 벌교 상업학교로 옮겨 국어와 영어를 가르쳤다. 1947년 30세이던 박교사는 순천사범학교로 전근했다.

이 해에 누이동생인 박영애가 순천도립병원에서 폐결핵으로 요절했다. 그때 누이의 나이 24세, 그녀는 1941년 18세 때 벌교로 시집을 갔었다. 심성이 곱고 얼굴도 예뻐 천사 같다고 소문 나 있었다고 한다. 박교사는 벌교에 있는 부용산에 누이동생을 묻고 묘령인 누이의 죽음이 너무나 안타까워 그 심정을 시에 담고 '부용산 오리길'이라 제목을 붙였다.

이듬해인 1948년 박교사는 목포의 항도여자중학교(현 목포여고)로 초빙되어갔다. 여기서 음악교사인 안성현(安聖鉉)을 만난다. 그때 항도여중 3학년에 김정희라는 학생이 있었다. 문예방면에 소질이 뛰어난 천재 소녀였다고 한다. 이 소녀가 그 해 폐결핵으로 죽었다. 박교사는 장지까지 따라 갔다고 술회하고 있다.

얼마 뒤 음악교사인 안성현이 박교사의 시 「부용산 오리길」에 곡을 붙였다. 그렇게 해서 '부용산'이라는 노래가 만들어졌다. 6·25 전쟁이 나면서 안성현은 안막, 최승희와 같이 월북하게 된다. 그는 무용가 최승희의 남편인 안막의 조카였다. '부용산'이라는 노래가 구전되면서 전남 일대로 퍼졌으나 월북 작가의 곡인데다 빨치산들이 즐겨 불렀다고 해서 금지곡이 되었다. 요절한 누이의 죽음을 애도한 한 편의 서정시가 묘하게 얽혀 작사자인 박기동은 당국에서 '요시찰인(要視察人: 감시인물)'으로 분류되어 가택수색, 저술물의 압수, 연금 등 감시의 사슬에서 벗어날 수 없게 된다.

57년 목포사범학교에서 마지막 교편을 잡은 후 61년부터 서울의 출판사에서 번역과 교정일로 근근이 생활하였다. 시국이 바뀌어 반공 이데올로기가 느슨해지면서 해외여행이 허용되었다. 박기동은 40여 년의 지긋지긋한 감시의 사슬을 피해 1993년 단신 호주로 이주하여 시드니에 정착하였다.

감히 소리 내어 부르지 못하고 가슴속으로만 불렀던 노래 '부용산'이 50여 년 만에 노래비로 부활했다. 2000년 10월 1일, 벌교읍번영회를 위시한 경향 각지의 뜻 있는 인사들에 의해서 '부용산 오리 길' 어귀에 그 시비가 세워진 것이다. 제막식에는 작사자 박기동(당시 시드니 거주)과 작곡자 안성현의 부인 성동월씨가 참석하였다고 한다.

안성현(1920~2006년)은 나주에서 출생, 일본 도쿄 동방음악대학 성악부를 졸업하고 귀국 후 광주 사범학교, 조선대학교, 전남여고 등에서 교편을 잡았다. 소월의 '엄마야 누나야'와 해방 직후 '부용산'을 작곡하는 등 호남지방에서 왕성한 음악 활동을 펴다 6·25때 월북했다.

2006년 5월 20일자 조선일보는 '민족문화 전문가인 공훈예술가 안성현 선생이 4월 25일 오후 3시 노환으로 86세를 일기로 애석하게 서거하였다'는 내용이 실린 북한 문학신문 최근호 내용을 입수하였다고 보도했다.

박기동 시인은 지병인 뇌경색이 악화되어 2004년 서울에 와서 치료를 받아왔으나 이듬해 5월 9일, 향년 88세를 일기로 숨을 거뒀다. 그의 시신은 경기도 마석 모란공원 내 아내 옆에 안장했다. 벌교 번영회 등 지역민들은 장례를 벌교 읍민장으로 치르고 부용산에 안장하는 문제를 논의했으나 성사되지 못했다고 한다.

우람하게 서 있는 충혼탑을 돌아 편편한 산길을 가니 그리 머지 않은 곳에 세 갈래 길이 나타났다. 그 어귀에 아담한 시비가 있었다. 조금 떨어진 길가에는 '부용산 오리 길'이란 동비석이 옆으로 누워있다. 해는 이미 부용산 마루에 힘없이 빨려 들어가고 있었다. 안성현도 가고 박기동도 저세상 사람이 되었다. 요절한 박영애의 무덤은 흔적마저 찾을 수가 없다.

양지 바른 곳에 야생화 몇 송이가 다소곳이 고개 숙여 피어있었다. 어쩌면 그녀의 혼백이 이 야생화로 환생한 것이 아닌가 하는 생각이 들었다. 너무나 가련하게 느껴져 손으로 어루만져 주었다. 자신의 죽음을 애도하며 시 한 수 지은 탓으로 갖은 고초를 겪어야 했던 오라비의 처지를 안타까운 심정으로 보고 있었는지 모른다.

도도히 흐르는 황하를 바라보며 공자는 이렇게 탄(嘆)하였다.

"가는 것은 모두 이와 같을까? 밤낮으로 흘러서 쉬는 일이 없구나(逝者如斯夫 不舍晝夜- 孔子川上嘆)."

생명과 역사와 인간 만사가 이와 같은 것을! 우리의 동족상잔은 아직도 그 끝이 보이지 않는다.

「부용산 오리 길」이란 한 편의 시에 얽힌 사연은, 어쩌면 민족분열의 틈새에서 살아남아야 했던 동시대인의 자화상일지 모르겠다. K교수가 이 시비에 관심을 갖는 이유를 어설프게나마 알 것 같은 생각이 들었다. 돌아오는 산길에 선불 맞은 산비둘기 한 마리가 퍼드덕거리고 있었다.

부용산 오리 길

부용산 오리 길에 잔디만 푸르러 푸르러
솔밭 사이사이 회오리바람 타고
간다는 말 한마디 없이 너는 가고 말았구나
피어나지 못한 채 병든 장미는 시들어지고
부용산 봉우리에 하늘만 푸르러 푸르러

그리움 강이 되어 내 가슴 맴돌아 흐르고
재를 넘는 석양은 저 만치 홀로 섰네
백합일시 그 향기롭던 너의 꿈은 간데없고
돌아서지 못한 채 나 홀로 예 서 있으니
부용산 저 멀리엔 하늘만 푸르러 푸르러

– 박기동 作

인류(人類)는 멸망하는가

1859년 다윈(Darwin)은 그의 저서 「종(種)의 기원(起源)」에서 '생물은 기하급수적으로 과대한 증식을 하고 개체(個體)들 사이에 생존경쟁(生存競爭)이 일어나 그 환경에 가장 잘 적응하는 유리한 변이성(變異性)을 가진 개체(個體)들이 살아남아 그들의 자손(子孫)을 낳게 된다.'라고 하였으며 같은 최적자생존(最適者生存:The survival of fittest)현상을 그는 자연선택(自然選擇)이라고 하였다. 뿐만 아니라 생물진화론(生物進化論)에서 생물의 진화도상에 있어서 어떤 분류군(分類群)이 아주 멸망(滅亡)해 버리는 현상이 있음을 확인하였으며 이 현상을 절멸(絶滅:Extinction)이라고 하였다. 현재 절멸 위기에 있는 생물만도 식물 약 2만종, 조류 총 8,900여종, 중 약 350종, 포유류 총 4,060종 중 약 280종이라고 생물학자(生物學者)들은 말하고 있다.

일부 종교계에서는 종말론을 신봉하고 그 시기에 대한 논의도 활발하다. 인류의 종말은 올 것인가? 만약 그러한 일이 벌어진다면 과연 어떠한 형태로 올 것인가? 화산의 폭발처럼 온 지구가 불바다가 될 수도 있을 것이다. 그때에는 '폼페이 최후의 날'처럼 지구 최후의 날이 올 수도 있겠구나 하는 생각을 할 수도 있다. 아니면 홍수가 나서 지구상의 모든 것을 휩쓸고 가는 것을 생각할 수도 있다. 그런데 요즈음 우리 주변에 전혀 예상치 못한 현상이 나타나고 있다. 우리 청소년의 정자(精子)수가 40%나 감소하였다는 충격적인 조사 결과가 지상(紙上)에 보도되었다. 인간(人間)이란 종(種)의 씨가 말라 가고 있는 것이다.

조물주(造物主)는 인간의 종족보존(種族保存) 능력에 대하여 특별한 배려를 한 것 같다. 지구상의 모든 동물은 종(種)의 번식을 위하여 꼭 필요할 때에만 교접(交接)하도록 되어 있다. 그런데 인간에게만은 예외를 인정하였다. 생식주기(生殖週期)에 관계없이 교접할 수 있는 특혜를 인정한 것이다. 왜 그랬을까? 그것은 고명한 생물학자도 철학자도 뚜렷한 해명을 못하고 있다. 오로지 조물주만이 알 수 있는 일이다. 그런데 요즈음 기발한 영감이 떠올랐다. 아마 이것은 틀림없는 사실일 거라는 확신을 가지고 있다. 인간은 태초(太初)에 피조시(被造時)부터 극히 이기적(利己的)으로 되어 있어 삼비업종(三非業種)에 대한 기피 현상이 있었던 것 같다. 고도로 발달한 산업사회인 오늘날과 태초의 원시사회의 삼비업종(三非業種)이 같을 수는 없지 않은가. 요즈음 같은 무더위에 아무런 대가 없이 다만 종족보존(種族保存)의 사명감만으로 종족번식작업(種族繁植作業)을 수행한다고 가정해 보라 얼마나 지겨운 작업이겠는가. 인간절멸(人間絶滅)을 우려한 조물주는 인간에게 교접시의 쾌감의 도를 타 동물에 비하여 한층 높였고 시도 때도 없이 교접할 수 있는 특혜를 주었다. 덕분에 인간은 오늘날과 같은 인구 과밀 현상까지 초래하게 된 것이 아닐까.

그런데 비상(非常)이 걸렸다. 인간의 종자가 말라가고 있는 것이다. 이것은 인간 종말의 암시일 수도 있다는데 그 심각성이 있다. 더욱 심각한 것은 그 원인이 천재(天災)가 아닌 인재(人災)라는데 있다. 요즈음 환경호르몬 피해에 대한 논의가 한창이다. 무릇 모든 생물은 환경요인(環境要因)을 무시할 수 없다. 생물의 환경에 대한 적응한계를 생물의 내성한계(耐性限界:Tolerance limit)라고 한다. 금붕어를 섭씨 30도 이상에서 기르기는 어렵다. 어떤 지역에 살고 있는 모든 생물과 이와 관계를 갖고 있는 환경을 묶어서 생태계(生態系)라고 한다. 어울려 살고 있는 생물들은 막연히 집합되어 있는 것이 아니라 공간적 분포관계, 기능적 연관관계, 먹이사슬(食物連鎖:Food chain), 활동의 시간적 차 등으로 조직화되어 상호(相互) 복잡한 연관관계하에 생존(生存)하고 있다. 자연계(自然界)에는 분해작용(分解作用)이라는 게 있다. 무생물적 환경에서 생물계로 이전된 에너지와 물질(物質)은 분해 작용에 의해 무기환경(無機環境)으로 되돌아간다. 분해 작용은 생산 작용(생물학적)과 더불어 생물계와 무생물계 사이의 물질균형의 유지라는 측면에서 중요한 뜻이 있다. 이 두 작용이 균형을 이루고 있으면 건전한 기능을 발휘할 수 있으나 이 균형이 깨지면 생태계의 기능은 파괴된다. 우리가 당면하고 있는 여러 가지 오염현상은 대체로 분해 작용이 늦어져 어떤 물질이 생물계에 유해할 정도로 축적되었을 때 일어나는 것으로 폐기물이 자연의 분해 능력을 초과하였을 때 생기는 현상이다.

개발(開發)이란 넓은 의미의 생명현상(生命現狀)이라고 할 수 있을 것이다. 엔트로피 법칙(The Entropy Law)으로 유명한 리프킨은 '모든 생물체는 그 주위로부터 유용한 에너지를 흡수하기 위하여 자신의 기관(눈, 코, 입, 치아, 턱 등등)을 이용하여 끊임없는 투쟁을 벌이고 있지만 오직 인간만이 이러한 과정을 용이하게 하기 위한 외부적 보조를 갖추고 있다. 이러한 신체 외적인 활동이 인간문화(人間文化)의 대부분을 구성하고 있다.'라고 하였다. 어떻게 보면 개발(開發)이란 사람이 살아가는 과정에 필요불가결한 것일는지 모른다. 그러나 그로 인한 역기능이 균형이 깨질 정도로 심각한 지경에 이르렀다. 인간은 자연의 여타 생명체들이 존속하는 한에서만 살아남을 수 있는 존재임을 깨달아야 할 것이다.

"인간이 계속해서 세상사가 진행되는 범위를 설정하는 엔트로피 법칙을 묵살한다면 인류라는 종(種)이 멸종될 위험은 대단히 클 것이다."라고 한 리프킨의 경고를 귀담아야 할 것 같다.